大展好書　好書大展
品嘗好書　冠群可期

大展好書　好書大展
品嘗好書　冠群可期

太極拳第五代傳人。20世紀80年代初，作者遞帖拜入王培生大師門下，成為吳式

拜師收徒儀式合影

承德師範專科學校合影作者與王培生大師在

1994 年，作者收兩名日本弟子入門

作者與外籍弟子合影。
左起：今雄二（日）、作者、朴鐘球（韓）、小松崎（日）

1991 年，作者受聘北京師範大學，開班教授吳式太極拳

2004 年，受聘為吳山
太極拳協會專家

2005 年，受聘為北京
大興鳴生亮武學研究
會高級顧問

作者簡介

　　趙琴，1926 年出生於北京市，滿族，正白旗，覺羅氏。1937 年日寇佔領北京，他不願過亡國奴生活，流亡南下，就讀於大西北的六盤山右的國立十中。抗戰期間，當時的國民政府爲了安置來自淪陷區的流亡學生，設立了西南聯合大學和西北聯合大學，同時還設立了 22 所流亡中學，即國立一中到國立二十二中。當時校舍非常簡陋，多利用當地的廟宇和祠堂，生活非常清苦。

　　新中國成立後，他在工廠當了一名機械工人，並函授自學於哈爾濱工業大學，專攻金屬切削專業，能夠熟練操作各型車床、銑床、刨床、磨床，成爲一名八級技工。

　　1958 年獨自設計製造出空壓機、曲軸專用機床以及大型電機錠子專用機床。

　　1962 年調入技術科，編制了 86 千瓦直流電機全部工藝，並設計了工裝設備。

　　1966 年「文革」期間，屢受批鬥，並被逐出技術科，當了搬運工，從事重體力勞動。

　　1978 年調回工藝技術科。1984 年作爲主要設計者研製

645 型旅遊客車獲得成功,並投入批量生產。

1985 年退休。

1986 年,受聘參與中國第一台食品速凍機的設計研製工作,頁責機械傳動部分的設計及整機製作工藝。

1978 年,參加太極拳輔導站的太極拳學習,後成爲崇文區代表隊成員之一,先後獲得兩屆北京市太極拳團體冠軍。

1980 年起,從王培生老師學習吳式太極拳,先後掌握了 37 式吳式太極拳、83 式老架、太極刀、太極劍、太極推手、乾坤戊己功等等。隨老師習拳 8 年後,於 1988 年正式拜師入門。

1989 年,協助師兄李和生接辦東方武學館並擔任授課工作。1990 年到江蘇淮陰市,辦班傳授吳式 37 式太極拳等;同年又前往內蒙古巴彥淖爾盟等地開班教學。1991-1993 年在北京師範大學辦班傳授吳式 37 式太極拳及老架 83 式太極拳。

2004 年被聘爲杭州市吳山太極拳協會專家顧問。

2005 年被聘爲北京大興鳴生亮武學研究會高級顧問。

2006 年被聘爲第五屆北京市吳式太極拳研究會名譽會長。

在王老師同意下,先後收有海內外弟子多人;小松琦已也(日本)、今雄爾(日本)、朴鐘學(韓國)、朴鐘球(韓國)、黃立新(南開大學博士生)、陳友元(南開大學本科生)、王同元(技師)、俞克賢(公務員)。

於無聲處聽驚雷（代序）
張全亮

趙琴先生詮釋「太極拳健身和技擊作用」的大作，即將由人民體育出版社出版，囑我作序。我看了此書，聯想太極拳的特點和趙芹先生數十年研摩太極拳的精神和成果，忽然有了「於無聲處聽驚雷」的感悟。

《太極拳論》云：「太極者無極而生，動靜之機，陰陽之母也。」學練太極拳是一件十分有趣的事，但又是一件很不容易的事，難就難在對陰陽哲理的徹悟和應用。學練太極拳的主要功夫是研究陰陽的變化規律，並能運用這個規律指導自己的練拳、技擊乃至做人、做事。實踐證明，徹悟陰陽尚屬不易，運用陰陽之理正確指導自己的拳技和人生實踐則更難。

拳論曰：「每見數年純功，不能運化者，率皆自爲人制，雙重之病未悟耳。欲避此病，須知陰陽。」陰陽之理是練太極拳者終生要苦學、深究、窮取的學問和功夫。古人之所以說「窮畢生之精力，難盡其奧妙」，其原因也正在於此。

拳論云：「由著熟而漸悟懂勁，由懂勁而階及神明，然非用力之久，不能豁然貫通焉。」

太極拳是一種輕柔、緩慢的運動，須經多年默默無聲地苦練研摩，才能步入上乘。不能性急，不能眼饞，不能見異思遷，不能淺嘗輒止，更不能一曝十寒。要按傳統的規範要

求，一招一式、中規中矩地練習。

太極拳有「十年不出門」之說，這雖然有點誇張，但卻說出了太極拳的不同尋常的特點和成功的秘訣，即練得慢，見效（主要指技擊方面）也慢。而正是由於這「慢」字，決定了太極拳是一個厚積薄發的特殊拳種，不能按一般拳種看待。

太極拳的健身作用可以說又快又好，這是社會公認的。但爲什麼達到使用（技擊）效果卻比較慢呢？這是因爲學練太極拳好比建大廈。因爲樓層高，跨度大，結構複雜，要經得起時間、地震、風雨等各種自然力的考驗，必須有深厚、堅實的基礎。所以在起步階段、施工進度較蓋一般平房或多層樓房要慢得多，往往開工好長時間，還出不了地皮，看不出眉目。但一旦基礎打好，出了地皮，大樓就會一層層拔地而起，就會越來越壯觀。

建樓分基礎、主體、裝修三大工程；學練太極拳也分著熟、懂勁、神明三部功夫。

著熟就是盤架子，打基礎，是練知己的初級功夫。這個階段需要風雨無阻、朝夕不停、反反覆覆地按傳統的規範要求，把太極拳套路練熟、練好，把每個動作都練得中正、鬆穩、圓合。

所謂中正，就是在行拳過程中，能做到招招式式不偏不倚、中正安舒。即前進、後退，左顧、右盼的立身或平移運動時，頭頂之百會穴與負重之腳的湧泉穴、鼻尖與負重之腳的大趾、尾骶骨與負重之腳的足跟都要上下垂直相對；在做前俯或仰視動作時，要上下呼應，有球形運動之意念，保持球形中心半徑不變。

　　所謂鬆穩，就是在行拳過程中，能做到招招式式保持周身關節的鬆拉狀態，保持全身肌肉與骨骼之間、皮膚與肌肉之間的鬆離意識，且運動起來不搖不晃、不顛不浮、不急不躁，立如生根，坐如乘轎，行如流水，勢如山岳。

　　所謂圓合，就是在行拳過程中，時時式式都要做到有清醒的關節運動意識。要把自己的身體比作一部裝有萬向輪的機器，圓轉自如，無微不利，全身上下內外無缺陷、無凹凸、無斷續、無滯點，舉手投足、前進後退、左顧右盼都要做到手與足合、肘與膝合、肩與胯合的外三合；做到心與意合、意與氣合、氣與力合的內三合和頭融天、腳融地、胸融空的天、地、人的大三合。

　　所謂懂勁，就是練習推手，鍛鍊聽勁、問勁、發勁，研究實戰技法。這是鍛鍊沾連黏隨、引進落空、化打拿發等技巧的提高階段，這一段主要是練知彼的功夫。透過雙人或多人的推手、技擊實戰練習，從而提高大腦皮質的反應能力、皮膚的反射能力、全身的整合能力和捨己從人的親和能力。要練得遇敵進犯能沉靜、靈活、暢達。

　　所謂沉靜，就是與人交手時能自然地重心下移，沉實不浮，使對方感到如推高山，如擊大樹，如涉深水，無能為力。遇敵進攻，不急不躁，不驚不慌，不輕不怯。縱遇山崩、地裂、虎撲、蛇纏而能冷靜、清醒，從容不迫，胸有成竹。進退、攻防，身如江河，腳若漩渦，手似漂淩（江河中流動的冰塊），動中寓靜，靜中寓動。

　　所謂靈活，就是應物自然，周身處處有活力，有生氣，有眼睛，有靈氣，不死板，無呆滯，能洞察秋毫，旋轉自如，應隨萬變。與人交手，周身處處如陷阱，踏之則陷；周

身處處如翻板，按之則翻；周身處處如彈簧，擊之則反；周
身處處如軸承、如電門，推之則轉、觸之則擊。敵力著我
身，讓其感覺如一把珍珠落玉盤，靜則傾，動則翻。

所謂暢達，就是在與人交手時，要有神充天地、勢滿寰
宇的氣勢。進則由腳而腿、而腰、而肩、而肘、而手，完整
一氣，如氣蒸騰；退則由手而肘、而肩、而腰、而膝、而
足，節節貫穿，如水洇沙。發力要氣貫四梢（髮爲血之梢、
舌爲肉之梢、齒爲骨之梢、甲爲筋之梢），意入彼骨，力達
天穹。擊打要知矢赴的，如風似電，如浪驚天。

神明是太極拳的最高階段，它要求做到空無、神妙、如
雲、似水。

所謂空無，就是無形無象，全身空透；無我無他，無思
無慮，無招無勢，其小無內，其大無外，來力無著，天人合
一。

所謂神妙，就是隨心所欲。化打神奇如夢幻想，妙手一
運一太極。

所謂如雲，就是上如行雲，隨風成形，讓人無法觸摸。

所謂似水，就是下如流水，隨境而變，讓人無法依靠，
達到一羽不能加，蠅蟲不能落，人不知我，我獨知人，英雄
所向無敵的極高境界。

太極拳在技擊方面見效緩慢的另外一個重要原因，就是
太極拳化、打、拿、發全都要求後發制人，捨己從人，先化
後打，化淨再打，合力擊發。不許主動攻擊人，不准以力欺
人，寧輸其力，不輸其理。其謀略是引進落空、落井下石、
助人爲樂，用意不用力，全憑心意用功夫。

太極拳是頭腦功夫；是哲理性拳術；是不傷自己、不傷

別人、不傷和氣的文明高尚的拳術；是富含多種文化、科學知識的文化拳術；是有理、有力、有節，以德服人、以藝取勝的大智大勇的拳術。人不犯我，我不犯人，對方犯我，我以高超的技藝和奇妙的戰術，使對方感到無能為力，無所作為，受擊而無怨、跌翻而自責。太極拳不但不主動攻擊他人，還要求在受到他人攻擊時不反抗、不還擊、不報復，而是順勢調身，使對方敗於自己的慣性。對方失敗，不但對我無怨無怒，且感到心服口服，驚奇不解。還會使雙方都產生一種有益的思索。可以說，太極拳是一種促進人類文明進化的、共建和諧社會的在最高層次上把修身養生防身融為一體的文化體系。要掌握它談何容易！與你打我一拳我還你一腳、你用力我反抗的一般技擊術怎能相提並論？與一般常人對技擊格鬥的認識怎能相合？

要掌握這種高深而又奧妙的技術，必須學會順天性抑本性。天性是先天自然之規律，本性是父母基因和後天人文環境的影響所形成的內部因素。人生下來從吃奶開始就練使勁。成年以後，無論做什麼工作、幹什麼事業和做什麼動作都必然要努氣用力、爭強鬥勇。要把這種習慣徹底改掉，養成遇事不怒氣、不用力，學會用對方之勁，使對方之力，合對方之意，助對方之勢，那是很不容易的。須經過多年反覆磨鍊，明悟其理，熟練其技，才能實現這個返還。

這就好比一種舊的習慣勢力，改了很難，改了有時還易復發。處處順天性難，抑本性更難。受父母基因影響，有的孩子天生頑皮、好鬥，有的天性怯弱、綿順。順天性抑本性要經過長期的正確的教育和引導，才能有所改變。這是一項很費時、費神的工程。

太極拳在技擊方面見效慢還有一個重要原因，就是教學方法尚不科學，需要改進。可以把練和用緊密結合。現在教太極拳的老師多半只教練，不講每式的用法。再就是講用法時，只講推手，不講擊打，好像太極拳的技擊就是推手。其實太極拳技擊和其他拳術的技擊一樣，富含點、打、拿、發、摔等各種技擊方法。其中的發是各種擊打技術中最高難的一種。但是如果只練推手，忽視其他擊打方法的練習，那就會走偏，就會在快速多變的技擊實戰中處於呆滯、受擊的被動地位。應該練得能打能發，宜打則打，宜發則發，打中有發，發中有打，靈活多變，順其自然，心想勢成，才能體現出太極拳的技擊精華。

把話題拉回來。趙琴先生 1926 年出生於北京，滿族，正白旗，覺羅氏。學生時期曾參加過遠征軍，赴印、緬戰場抗日，負過重傷，九死一生。「文革」期間挨過批鬥，受過很多磨難。新中國成立後，他在工廠當技工，做機械加工工作。由於他刻苦鑽研，因而能熟練操作各型車床、銑床、刨床、磨床等。後他又自學成才，成了一名機械工藝設計師，參與設計、製造了 645 型旅遊客車、中國第一台食品速凍機等，受到有關部門的表揚和獎勵。多年苦難生活的磨鍊，使他練就了一種堅韌不拔的性格。

2005 年他患了腦部帶狀疱疹，頭痛難忍，晝夜難眠，多方治療無效，至今尚未徹底痊癒。一位 80 歲的老人，患如此重病，仍堅持到公園教拳、研究推手技藝、著書立說，其毅力可謂驚人，其精神堪稱楷模。正是這種良好的性格，使他鍾愛太極拳，三十年如一日不停步、不回頭，實現了由量變到質變的突破。多年的金屬加工和機械工藝設計工作，

使他養成了幹事細緻認眞、一絲不苟、重視過程、重視規範的工作作風和精益求精的精神。

這種良好的作風與精神，恰與吳式太極拳在體、用上所嚴格要求的中正安舒、規範合度、緩慢輕柔、鬆靜不浮、圓潤細緻、如水泅沙、節節貫穿等拳術運動特點極相吻合。他以加工精密機件的細緻入微的精神和方法來研練太極拳，對太極拳的每招每式的運動軌跡、方向、意念都研究得極爲深細。他把王培生老師的吳式太極拳 37 式，一招一式都拿出來，刻苦研練，反覆玩味，深刻體悟，廣泛交流。把王老書上寫的、課堂上講的、示範時聯想發揮的，都一一記錄，在實踐中反覆證實並得出自己的結論。他忠於傳統，又善於獨立思考，所以他對吳式太極拳在練用上的體會是極爲深刻的，他講太極拳的練與用，往往語出驚人。

趙琴先生對太極拳拳理的認識和實用技法研究已臻上乘，並形成了自己的風格特點。今天他把經過三十年苦練、深悟的心血結晶《半瓶齋詮注〈太極拳的健身和技擊作用〉》貢獻出來，實是太極拳界的一大幸事，爲廣大太極拳愛好者，特別是推手愛好者提供了一把打開太極拳神秘殿堂的鑰匙，對推動太極拳運動的深入發展是一大貢獻。認眞閱讀這本佳作，有如撥雲見日，會使你看到太極拳的廬山眞面目，會使你有意想不到的收穫。

張偉一序

　　在北城元大都花園，總能見到一位教練吳式太極拳的儒雅老者，一年四季從不間斷。他鶴髮童顏，神采奕奕，授拳傳藝。他以精闢的理論闡釋論述傳統拳術練、體、用方法之精義；用嚴謹系列的訓練方法和準則，無私地教誨學子；用啓悟式的口傳心授教練方法，使學子們做到「明理知法，按法修煉，層層遞進，藝境昇華，井然有序，招法能以形鑒貞，層層藝境分明」。他就是八十有一的太極拳名師趙琴（芹）先生。

　　趙芹是太極宗師王培生 20 世紀 80 年代初的入室弟子。在 1999 年第 9 期《精武》雜誌的吳式太極拳專輯上發表了《太極拳與易經》的論文，反響強烈，並被海外武術雜誌轉載。他生平酷愛體育運動，晚年則以習拳練武爲樂，是崇文區太極拳代表隊隊員。爲追求傳統太極拳眞諦，專心習研吳式太極拳。拜師前後，曾 8 次自費參加老師在省內外辦的輔導班，習練太極拳三十七式，並在老師上大課時主動與老師接拳餵招試法，體會攻防之術，「取法爲上，得知呼中」。近幾年添齊音像設備，研磨武術前輩名人拳術，不斷地使自身內外器官同一意嚮往道而歸於樸，使習拳齊同如一而歸於「道」境。

　　在「半瓶齋」裏，趙琴與「黃金搭檔」（老伴）「看經文、讀文史、會拳友，試法過招」，他們不僅有「以文觀

法」之智慧，更擅長「以形鑒真」之才能。在三十七式原著總綱的基礎上，結合「三導」「三多」（易導、生理導、經絡導；多方面、多角度、多層次），大視野地闡發述明，完善三十七式「言猶未盡」之處。詮注三十七式也是師兄弟和習練者的傳承需求。「半瓶齋」主人翁做到「常後而不先，常應而不倡」，予人之所思，授人之所想的求實治學美德。修煉者如能從中讀懂、讀通而又得其要旨，就會步入「長生有道，護身有術」的武術境界。

　　一書在手，終身受益。

半瓶齋序

筆名半瓶齋者，源於老北京俚語「半瓶子醋」也，意即對某項知識不甚了了、一知半解的諷語。我取此筆名，貌似謙虛，實際上還是有些自我誇張，引兩事爲證。

第一件，我的師爺楊禹廷老先生（吳式太極拳宗師）在晚年曾講：「培生（即王培生老先生，是楊師爺門下的掌門大弟子）僅得了我前半生的東西，我後半生的東西沒給他，他也夠用了。」

第二件，我的老師王培生老先生（吳式太極拳大師，太極五虎之一，武林中之高手），他老人家在晚年曾說：「李和聲（我們的大師兄）得了我百分之二十的東西……」

以上兩番話，我這名不見經傳的、習拳不足三十載的後進入室弟子，能得前輩的技藝多少？充其量，僅一瓶子底兒而已。

由王培生老師編寫、人民日報出版社出版的《太極拳的健身和技擊作用》一書（正體字版，大展出版社出版），比較深入地介紹了太極拳的一些內涵，但還是言猶未盡，有所保留。

保守、不外傳，甚至傳子不傳女等落後觀念，是武林界，甚至是中國人的一個陋習，以致將一些民族瑰寶、絕技認作奇貨可居，最後帶進棺材、火葬場了事，成爲千古憾事，令人痛心。

當然，在舊社會有「教會徒弟、餓死師父」之一說，老前輩的苦衷，我們可以理解，但畢竟時代不同了，我們這一代人，就應改此陋習。但是不然，今天有比我年紀還輕的人，稍有點名氣，也還抓住這陋習不放，就令人費解了。我為人愚魯。司馬遷在《史記》「淮陰侯列傳」中寫道：「智者千慮，必有一失；愚者千慮，必有一得。」我願以一得之見，奉獻給太極拳的同好者。

我從 1980 年起，二十餘年來，從未在王培生老師面前吃過小灶、口傳心授過，只是不斷追隨參加老師的開班授拳聽大課。把老師的授課總綱歸結為三點：

一是東方易學陰陽哲理；二是西方生理學的交互神經的對應點；三是內經的經絡穴位。

我把這三點結合起來，不斷深入解析、規範。對吳式太極拳三十七式的一百七十八動，動動進行了詮釋。這裏沒有誇誇其談，沒有故弄玄虛，一舉手一投足，都是反覆進行實踐得來的論述，但不是結論，結論尚待我這拋磚引玉之舉，引起同門同好的共鳴，共同切磋，不斷修正，使太極拳這一民族瑰寶發揚光大，不要使太極拳誤入太極體操、太極舞蹈的歧途中去。

我今年已 83 歲，名利對我都是身外之物，是為序。

半瓶齋主　趙　琴

目　錄

篇 首 語

翻開古老的易經，
領悟到天人合一的融洽。
簡單而又深邃的太極圖像，
閃爍著太極拳的身形和手法。
與經絡穴位如此完美地結合，
武林稱之為「內家」，
循環無端的太極陰陽哲理，
規範著太極拳的一筆一畫。
如此深入淺出地發掘和闡述，
唯有獨步當代的王培生大師，
使國之瑰寶——太極拳進一步昇華。

第1章

太極拳基本哲理淺論

　　當代武術大師王培生先生在美國授課時，曾經給國外學生說過：「習太極拳，太極之理不可須臾離也；可離，非太極拳也。」乍聽起來，這句話似乎有些武斷，但卻是至理明言。國外學生把這副墨寶複印出來，人手一份，作為同好的座右銘。筆者跟隨大師習拳近三十載，對此深有感受。為了使讀者加深理解，余雖愚魯，願以「一得之見」注釋如下：

　　什麼是太極？極者，脊也。古代先民把屋脊視為最高點。有人可能會說：山比屋高。史前時期洪水氾濫，古代先民都把房屋建在山上，所以屋脊還是最高點。我國古代大禹治水的傳說和西方聖經所述的造方舟以避洪水，都說明了古代全球遭遇洪水的事實。

　　太者，大也，比大還多一點。所以太極一詞的涵義就是至高無上、博大精深之意。

　　太極哲理概括起來，不外是陰陽二字。太極是易經的圖像，八卦是易經的符號。但在歷史上，它曾被一些方士、術士蒙上了一層迷信色彩而加以利用，所以曾經被人們所誤解，認為是迷信的、不科學的。

　　實質上，易經是仰觀天文，俯察地理，中通萬物之

情；究天人之際，探索宇宙和人生必變、所變、不變的大原理；通古今之變，闡明人生知變、應變、適變的大法則，以為人類行為的規範。這一天理即人道的「天人合一」的哲學思想，稱做「天人之學」，為我國傳統文化的基礎，一切學術思想的根源，也是我國傳統文化的最大特色。

我們要把太極哲理從太極文化的高度來加以認識，太極的理論基礎就是易經。我們再從字形上分析：易字古寫為𣆕即日月，即陰陽；橫寫為明字，明什麼？明陰陽之理。古諺：孤陰不生，獨陽不長。沒有陰陽，就沒有生命，沒有萬物。男為陽，女為陰；雄為陽，雌為陰，這樣生命才能延續，生生不已。

再延伸一下，地球（載體）為陰，大氣層為陽，這樣地球才有了生命萬物，而其他幾大行星只有載體，而無大氣層，有陰無陽，所以沒有生命。我國傳統中醫有這樣的說法：「不讀易，不足以為良醫。」作為中醫，必須深刻瞭解陰陽生剋之易理，才能辨證地診病治病。據說目前有的中醫學院把易經作為選修課，就是說可學可不學，這是急功近利，扼殺民族傳統文化。

中國古代建築，也要按照易經上的休、生、傷、杜、景、死、驚、開八門的規律來進行營建。讀者不妨留意一下北京的四合院，它的大門都建在院落整體的東南方位，此方位即為杜門。杜者，關也，這樣居住才安全。

陰陽在太極拳中如何體現呢？這就談到了正題。拳經上說：陰陽腳下分。如果不懂此理，那麼「用意不用力」就是一句不落實的空話。當我們盤拳（或推手、散手），

坐步或弓步體重落於右腿時（右腿為陰為靜為實），左腿不承重（左腿為陽為動為虛）。

再談上肢，在生理學上，四肢有交互神經結構，它是維持身體平衡的，其相互關係如下：左肩與右胯（根節），左肘與右膝（中節），左手與右足（梢節），左手拇指與右足小趾，左手食指與右足四趾……相關聯。反之亦然。舉個例說：當你走路向前邁左腿時，右手自然擺向前，邁右腿時，左手也自然擺向前，如果跑起來，跑得越快，兩手也就擺動得越厲害，目的就是維持身體的平衡。這就是武術中所說的上下相隨。

在生活中，這是不自覺的活動，而在拳術中就要把這種不自覺的上下相隨昇華到自覺的上下相隨。體重在左腿為陰時，右上肢為陰；右腿不承重為陽時，左上肢為陽；盤拳或推手、散手時，用意不用力，意就要放到為陽的上肢上，這時兩上肢為主動從動關係，陽為主動，陰為從動，這樣才能維持身體的穩定平衡。

在對抗中，一邊破壞自己的平衡動作，一邊維持自己的平衡中定，同時還要破壞對方的平衡，這就叫陰陽相濟。習者必須充分瞭解交互神經與陰陽哲理的關係，其精微之處，在以後分解各拳勢中再具體詳述。

王培生老師的授課特點，筆者總結為兩點：理法陰陽；循經走穴。下面再略述循經走穴。

有人認為練太極拳談經絡穴位是故弄玄虛，是修練太極拳的障礙等等。實踐是檢驗真理的唯一標準，沒有規矩不成方圓，既要運動，就有軌跡，軌跡是點的組成。軌跡如何規範？用身體上的穴位「點」來定位定向，豈不是最

佳選擇！這還僅僅是外形。

從擊技上講，一拳擊在對方身上，力量是 50 公斤，拳面（打擊面）如果是 50 平方公分，那麼，對方身上每 1 平方公分只承受 1 公斤打擊力量。如果將意念放在某一穴位上，是丟面打點，這一點姑且算作 1 平方公分，那麼，他承受不是 1 公斤而是 50 公斤打擊力量，從力學上講，是增加了單位壓強，或稱應力集中。

其實，用現代科學知識來解釋太極內勁並不十分貼切。我舉個實例：當你一拳擊出時，呈平直狀態，對方這時挑打你的肘關節，肘關節極易傷殘或被擊翻出去。一般情況下是採用墜肘，即上臂前臂下垂形成一個角度，來對付這個挑打。太極拳則是用意念一想曲池穴外繞在少海穴，對方不但傷不了你的肘關節，反被反作用力衝擊，跌坐到地上，這是走穴。

再舉一循經的實例：當你做太極拳野馬分鬃一式時，兩足前後呈弓步式，兩臂前後展開，看似好像非常穩定，但對方在背後一推，就要前栽。這時你只要想前手的三指頭（手三陽）勾著後足的三足趾（足三陽）形成三道無形的線，暗合「乾三連」的卦象，就可以支撐八面，對方前後左右都推不動你。

讀者讀到這裏，不妨合上此書，與同好一試，體驗和領會循經走穴的妙處，方知言之不謬。

第2章

太極拳三十七式動作詮注

第一節　太極拳三十七式動作名稱

預備勢

第一式　起勢（四動）

第二式　攬雀尾（八動）

第三式　摟膝拗步（六動）

第四式　手揮琵琶（四動）

第五式　野馬分鬃（四動）

第六式　玉女穿梭（二十動）

第七式　肘底看捶（二動）

第八式　金雞獨立（四動）

第九式　倒攆猴（十動）

第十式　斜飛勢（四動）

第十一式　提手上勢（四動）

第十二式　白鶴亮翅（四動）

第十三式　海底針（四動）

第十四式　扇通背（二動）

第二節　太極拳三十七式動作詮注

預備勢

【原文】

面對正前方（正南），併足站立；兩臂自然下垂，使掌心貼近股骨兩端，手中指貼於風市穴，頭頂正直，舌抵上腭；兩眼平遠視，體重平均在兩足，意在兩掌指尖。此勢著重在摒除雜念，使身心達到虛靜和鬆空。意思就是說，將全身骨節鬆開，肌肉不許有絲毫緊張為原則，達到「鬆空圓活」之妙趣，感覺身體好似站在一隻搖擺的船上一樣，微微搖擺，這時說明思想已無雜念而達到入靜狀態，如果無搖晃感，說明雜念未淨。

【半瓶齋注】

為什麼面向正南？在後天八卦中，正南方位為離卦☲，「離中虛」，屬陰。人體軀幹前面從承漿穴經天穴、膻中、神闕到會陰穴，為任脈，也屬陰，兩陰相對，同性相斥。身後正北方位為坎卦☵，「坎中滿」，屬陽，身體軀幹後面從會陰到長強、命門、夾脊、百會到齦交為督脈，屬陽，兩陽相對，亦是同性相斥。

易經的哲理是天人合一的天人之學。天就是大自然，人依附於大自然，就要順乎自然求自然。太極拳可以說是武術氣功，鍛鍊時就會產生氣場，面南而立，同性相斥，自身氣場不會被宇宙場吸走，有益健康。這不是玄學，住

房住北房與住南房感受就不一樣，採光通風（採氣）都有關係。

為什麼要舌抵上腭？任督二脈斷於口腔，舌抵上腭，可使督脈之齦交穴與任脈之承漿穴聯通，術語曰：「搭鵲橋」，為小周天創造條件。

併足站立，所謂併足，就是兩足站立時要求平行，而不是八字腳，這是吳式拳術型的特點和要求。健身方面是兩腎俞穴相合。讀者不妨體驗一下，八字腳站立，用雙手撫腰部，感到腰呈扁平形。川字形（即兩足平行）站立，雙手撫腰部，感到腰呈圓柱形，這樣做有助於自身的穩定平衡。

在預備勢的一個站立姿勢中，就開始有了太極拳身法的要求。

鬆肩：意想兩肩井穴像珠子一樣下沉。

墜肘：意想曲池外繞到少海穴。

涵胸：意想膻中穴拉出一尺二。

拔背：意想夾脊穴貼內衣。

裹襠：襠要呈圓形，不要呈人字形，兩臏骨找大敦穴。

溜臀：不要凸臀，意想尾閭從襠裏向前、向上找鼻尖（準頭），這樣頂頭懸也做到了。

武術的身法要求都是從身體外形上去要求的。王培生老師授課時，著重教導以意念找穴位，來達到身法的要求，體現了內家拳的特點。

筆者在一偶然機會得到這樣一個口訣：「兩耳垂肩，鼻對胸。」使我聯想到龍門石窟中的佛像，其兩耳下垂誇

張地大到肩上,為什麼?出家人的坐禪就是在練功,兩耳垂到肩上,(意)肩井穴受壓,自然下沉,並且產生連鎖反應,從上到下,從根到梢,墜肘、鬆腕、展指、舒掌,都有了。鼻對胸的意念一有,自然豎腰立頂,涵胸、拔背也出來了,非常簡便,不必一一調整,讀者不妨一試。

原文談到全身骨節鬆開,術語是:節節貫穿,對拉拔長。順序是這樣:先意想皮與肉離,就產生膨脹感;繼想肉與骨離,繼續膨脹。先想上肢,十指梢節向下拔開,次想中節對拉拔開,再想根節對拉拔開,繼想腕關節拔開、肘關節拔開,最後想肩關節對拉拔開,也是梢、中、根的順序。檢查一下你兩手指尖在原股骨兩側(褲縫處)長出一至二寸,這就是太極拳形體的鬆。這時別人如果想擰動你的上肢是擰不動的,這就是以柔(或稱鬆)克剛,而不是力的對抗。

上肢做完再做下肢。先想足趾向前頂,再想踝關節、膝關節、胯關節的順序向上對拉拔長,也是梢、中、根的順序。四肢做完了,再談軀幹部分。腰椎五節、胸椎十二節、頸椎七節,共二十四節,暗合大自然的一年二十四個節氣,這也是天人合一的規律。腰椎、胸椎用意催動,意想逆時針方向向上旋起十七圈,使脊椎每個關節都拉開了間隙,頸椎不可拉,下頜微微回收即可。以上所述為預備勢第一個內容(調形)。

第二個內容為調息。一呼一吸謂之「息」。太極拳是腹式呼吸,亦稱拳式呼吸。吸氣時,意想肚臍回貼命門穴,癟腹;呼氣時,命門前催肚臍(神闕穴),凸腹,如是三次。呼吸時,呼出之外氣由鼻孔呼出,內氣則由丹田

到會陰，再到兩環跳穴，順兩陽脈經陽
陵泉落到申脈，沿足外緣，到大足趾入
地植根，如是三次，調息完成。

第三內容為調心，在聚精會神、專
心致志做調形、調息時，調心也就在其
中了，心無練功以外的雜念。

人在日常生活中有兩種狀態，一是
清醒態，一是睡眠態。我們在練功時，
無論動功或是靜功，則應當進入另一種
狀態，即行功態，或稱氣功態。在這種
狀態下進行鍛鍊，在健身和技藝方面才
能收到事半功倍的效果。每次在盤拳做

圖 1 預備勢

預備勢（三調）時就是進入行功態的一個階段，達到鬆靜
二字，形體鬆，思想靜。做好預備勢，我稱之為「善之
始」。（圖 1）

第一式 起勢（四動）

第一動 左足橫移

【原文】

身體和頭頂保持正直，用意念想鼻尖，微向右移，和
右足大趾成上下垂直線，然後使尾骶骨和右足跟上下對
正，這時左足自然向左橫移，至與肩同寬為度，左足大趾
虛沾地面；兩眼仍向前平視，重心寄於右腿，意念在右手
小指指尖。

【半瓶齋注】

在無外力干擾情況下，按原文要領去做就可以。如果有外力作用在你的右肩上，你重心右移不過去，左足也開不開。必須知道，宇宙間沒有直線運動（光電除外），都是圓的運動。想讓鼻尖對右足大趾，必須以尾骶為圓心（定位），以鼻尖為半徑，以腰帶頭，畫弧對向右足大趾，再以鼻尖為圓心（定位），以尾骶為半徑，畫弧找足跟，兩個弧線運動，（瞬間）即克服了阻力而將對方擊出，重心移到右足，左足就可以橫移了。

對方的外力又作用到你的左腿上，你如果用力去克服阻力，就犯了雙重之病，這時應當忘掉接觸點，意想對面走來你最企盼、最想見的人，不由自主目光前迎，興高采烈，手舞足蹈，「興高」頭向上，「采烈」腳向下踩，「手舞」有意無形，「足蹈」有形有意，左腳自然橫移出擊（克服了外來阻力）。

分析一下：目光前迎，是前後一線；興高采烈，是上下一線；手舞足蹈，是左右一線。三維空間你全占了，焉能不操勝算？要點是你能不能把接觸點（對方的力點）從思想上丟得乾淨。（圖2～圖5）

圖2　左腳橫移

圖 3　兩足平立

圖 4　對方推我右肩

圖 5　左腳橫移將其擊出

第二動　兩足平立

【原文】

　　用意念想右手小指尖，依次想無名指、中指、食指、拇指、掌心、掌根，依次相繼紮地，紮在右足外踝關節 10

公分處；與此同時，左足是從大趾、二、三、四、小趾、足心、足跟依次相繼落平，重心平均在兩足。此時（式）為自然樁法，既可攝生，又有防六面勁、進攻的作用，授密歌中的「應物自然」即指此而言。（同圖3）

【半瓶齋注】

原文所述，體現了上下左右交互神經的結構，也就是術語「上下相隨」在此動中的內涵。至於如何防六面勁，似嫌言猶未盡，我現在深入解釋一下：按照巴甫洛夫的條件反射學說（自然反應），身體某一點受到外力作用，某一點就會自動躲閃或抵抗，即我們所說的「丟」和「頂」，必須反其道而行之，否則即犯「雙重」之病。首先要丟掉接觸點（對方作用在你身上的一點），丟得越乾淨越好。注意：是意識上的丟，思想上的丟，身形上的接觸點紋絲不動。但又不是頂（抵抗），把這點轉移到你的食指梢節上，食指肚有發熱發脹感，這時對方從任何一個方向都推不動你，頗有「撼山易撼岳家軍難」之感。筆者曾試驗叫對方猛擊我胸部一拳，我即用此「錯點」一訣，對方反被反彈出一公尺多跌坐在沙發上，而自己毫無痛感，體會到在「無形無象」中，才能做到「應物自然」。

筆者被擊時，已是八十高齡，練太極拳近三十載，才獲得此要訣。注意：先練推，後練擊打，否則容易受傷。

第三動　兩腕前掤

【原文】

用意念想兩手指尖，先舒展直，然後想手指肚向手心靠攏，這時兩腕產生動力，將兩臂自然引向前上方平舉。如果

對方抓著我手腕時，我手腕突擊貼其掌心，將其擊出。

【半瓶齋注】

原文寫指肚向手心靠攏，那是抓撓兒，不夠貼切，而應是回摟大陵穴（手腕內側橫紋中間），突出陽池穴（手腕背面與大陵穴相對應的一點）。這兩穴是透穴，填滿對方手心，丟面打點，通過對方內勞宮穴（陰），意在對方腳踝關節外側申脈穴（陽），對方即被掤起擊出。

根據上述：1. 回摟大陵；2. 突出陽池；3. 想對方內勞宮，丟面打點；4. 再想對方申脈。這只是平日練習時要闡述的動作要領，要求層次分明。在實踐中，只有打閃紉針的瞬間，是不容分節細想的。實際用法是在你回夠大陵穴動作的同時，思想一閃念，打的就是對方踝關節的申脈穴，就是一個「一」字，而不是一、二、三、四的分節動作。（圖 6～圖 8）

第四動　兩掌下採

【原文】

兩掌下採時，用意先想兩手背，這時兩臂自然降落至拇指尖貼近股骨兩外側為止，掌根向後收斂，掌心如扶物，指尖朝前，臂微屈；與此同時，兩膝鬆力，身體向下蹲，使髖骨和足尖上下成垂直線為度；同時小腹微收，兩眼平遠視，重心仍在兩腳，意在外勞宮。

用法：對方抓著我兩手腕向後拽時，我隨將五指舒伸，向下、向後沉採（注意沉肩、墜肘、鬆腰、立頂），此時對方即被應手向前撲跌。

圖6　兩腕前掤

圖7　對方抓我雙腕下壓

圖8　我意念丟開對方力點，
意想擊其腳腕，即被我掤出

【半瓶齋注】

　　當對方抓著我手腕向後拽時，意想外勞宮穿透內勞宮，
由十指尖向前、向下舒展，舒展到手指、手背、上臂、前
臂，呈一條斜下方直線時，指尖與肚臍等高，在技擊上叫搜
根。對方已失重。再想十指尖回抽到肘尖（少海穴），與地

面平行（叫肘不離地）後拉，像坐電梯一樣下蹲，對方即被
採向前撲跌。盤拳下蹲時，意走照海穴，鬆踝關節，順陰脈
上行，提膝關節（陰陵泉）到會陰，走督脈上升到命門、夾
脊、大椎、兩肩井、兩少海到兩指尖，體現出「尾閭中正神
貫通，滿身輕利頂頭懸」的意境。（圖9～圖11）

圖9　兩掌下採

圖10　對方抓住我雙腕後拽

圖11　我意念丟開雙腕，意在肘尖少海穴，
下採，對方即被我採向前栽

第二式　攬雀尾（八動）

【原文】

命名釋義：此動作有象形之意，將對方向我擊來之手臂比喻為鳥雀的尾巴，把自己手臂比喻為繩索，隨著對方手臂的屈伸、上下、左右的動向而纏繞，不使其逃脫的意思。

【半瓶齋注】

兵法云：怯敵者，必敗。輕敵者，必敗。說的是軍事上兩種不正常的心理狀態，大部隊作戰是如此，個人技擊也是如此。如何克服非此即彼的兩種心理狀態，武術前輩把此式命名為攬雀尾，非常高明。

把敵人的來手喻為鳥雀之尾，設想一個鳥雀尾巴亂撲通在你的臉前，你能輕視嗎？你能恐懼嗎？有了這個意識，也就克服了輕敵或怯敵的心理狀態。再說攬字，纜繩攬住了船舶，船可以順潮浪來回飄動而跑不了，但它不是捆綁，體現了太極拳的粘黏勁。另一含義是太極拳出手像繩索一樣柔軟，而不是像棍棒一樣僵硬。

第一動　左抱七星

【原文】

用意想會陰穴向右後下方移動，使尾閭骨與右足跟上下對正，然後鬆左肩，墜左肘，左掌會自動地向前上方抬起，到左掌掌心轉向後上、拇指與鼻尖前後對正為度；同時，右掌也自動地向胸前移動到指尖貼近左臂彎處為止，掌心朝前下方然後墜右肘，鬆右肩；這時左腳會自動朝正前方把腿舒直，足跟著地，足尖翹起，成坐步式，兩眼從

左掌拇指上方平遠視。重心在右腿，意在右肩。如對方擊來右拳，我則以左肘沾其右肘，並以左腕沾其右腕，使其右臂伸直不能彎曲，此時對方即被掤起。

【半瓶齋注】

原文談重心右移，則右腿成「陰靜實」，按照交互神經的結構，則左臂也是「陰靜實」，如何掤起？此點違背了拳理。筆者認為，重心不右移，仍呈馬步式，體重在兩腿，意想右腕上提（有意無形）。你會感到左腳腕沉重，右肩上提（有意無形），你會感到左胯沉重，外形未動，但在左腿已成「陰靜實」，左臂自成「陽動虛」即可上了。當左掌上掤開始前為陽掌（掌心向前、向下為陽），上掤時左掌逐漸旋成陰掌（掌心向後、向上為陰），異性相吸，右掌（陽）才被左掌（陰）自動吸起。當右手中指扶到左曲池時，沉右曲池，沉右肩，是梢、中、根的順序，右肩從背後催左胯，是後三合，才把左腿催出成坐步式。腿的伸出，也是要上下相隨。此式為掤手。左臂上掤時，是隨旋隨上掤，接觸點是隨旋隨變點，更多體現的是沾黏勁，而不是與對方來手相抗。

所謂七星，是頭、左肩、左肘、左手、右胯、右膝、右足七個活關節，左上肢四點，狀似北斗星的斗勺，右下肢為斗柄，故名。（圖12～圖14）

圖 12　左抱七星

圖 13　對方襲我上部

圖 14　我用抱七星將其粘起

第二動　右掌打擠

【原文】

　　用意想鬆右肩，墜右肘，右掌會自動向前移至掌心與
左掌脈門相貼時為止，這時左臂自動形成平屈橫於胸前，

右掌掌心向前，指尖朝天，左掌掌心向後，指尖朝右；與此同時，左足逐漸落平，左膝前弓，右腿在後伸直成左弓箭步，兩眼平遠視，意在脊背。擠手又稱推切手，貼對方胸前右掌前推，夾脊（背後）微向後倚，這時對方應手跌出。

【半瓶齋注】

呈右坐步時，右臂為陽，想右肘催左膝，左膝前弓，臏骨與左足大敦穴垂直一線為度；左臂自然內旋橫屈於胸前，掌心向內；右掌將貼於左脈門時重心已在左腳，為陰，左掌為陽，意在左手。想左腕脈門回找右掌心（微內旋，不超過 30°），這時右腳虛踏地有騰挪感，右掌心外旋意在要摸左腳（也是微旋，不超過 30°），這時對方的根已被搜起，任憑發放了。夾脊雖有後倚意，卻在右足有騰挪感時自動沉於左足湧泉穴。

另一擠法是：右手脈門貼於左肘曲池穴上，這兩點形成一剪刀軸，然後想兩手小指，像剪刀刀刃一樣合剪（掌心向下），對方即被擠出。

再一擠法是：當左手橫於胸前時，思想上沒有對方存在（目中無人），而用自己的右掌掌心擊打自己左脈門，對方亦被擊出。（圖15、圖16）

圖 15　右掌打擠

圖 16　將對方擠翻

第三動　右抱七星

【原文】

左掌不動，右掌掌根沿左掌拇指向右前上方移動到指尖處，視線隨右食指尖轉移；這時左足跟著力為軸，足尖虛起向右轉 45°（對西南方）；右掌以拇指引導向前漸伸漸轉，至正西方時右掌心轉向內（呈陰掌），拇指遙對鼻尖；與此同時，身子也隨之轉向正西，右足足尖為軸，足跟虛起後轉，右足尖朝向正西後，足尖揚起，足跟虛著地面，形成左坐步式；左掌拇指貼右曲池處，眼從右拇指上邊向前平遠視，意在左掌心。

【半瓶齋注】

在第二動右掌打擠定勢時，重心在左腿，為陰靜實，右臂亦為陰靜實（交互神經）。轉第三動，右臂向右前伸展時，盤架子還可以，而在實戰中，對方擋著你的右臂，

你就伸展不了。這時左掌應為陽動虛，意在左掌心往右腳心裏塞，外形是左掌心塞在右肘尖下，當身軀轉向正西時，右足跟一收，左掌心由陰變陽，帶動右掌心由陽變陰，左肩背後催右胯，右足尖翹起，當意在左掌往右足塞時，對方即被掤出，這是意打。

　　另一種方法是：用眼神從正南（景門）轉向西南（死門），再轉向正西（驚門），右掌緊追眼神視線，右掌雖為陰，亦將對方掤出，這是神打。此式用意、用神均可。（圖 17～圖 19）

圖 17　轉體右抱七星

圖 18　對方從右側襲來

圖 19　手追眼神，將其擊出

第四動　左掌打擠

與第二動相同，唯左右肢互換，從略。

第五動　右掌回捋

【原文】

右掌以小指引導向右前方舒展，掌心翻轉向下，左掌心隨之翻轉向上，以中、無名指尖扶右腕脈門處，至右臂舒直與右足小趾上下成一直線時，身向後坐，重心移於左足，足尖蹺起，形成左坐步式；同時右肘鬆力，右掌循外弧形向左後下方回捋；左掌中、無名指指尖仍扶右脈門，隨右掌轉動而轉動；右掌捋到右肘貼近右下肋時，肘尖向右後下，腰向左後下鬆力，右肘隨腰往後時，由肘向前鬆力，右掌心翻轉向上，左掌心隨轉向下；目視右食指尖，意在右掌掌心。

【半瓶齋注】

右掌向右前方舒展時，大、二、三、四、小指依次意想指甲蓋托天，十宣穴前放一尺二（四拳距離）。右掌向右前方展到極限時，左腳有虛起之感，這時意想右氣衝穴合到右腹股溝上，穩定身形，支撐六面勁。繼想右手小指撓一下地（有意無形），無名指撓地（有意無形），中指指甲有脫落之意，再想食指畫自己眉梢，再想拇指輕拂浮塵，到胯側，右肩背後找左胯（後三合）。再想左肩從身前找右胯，右肘後紮，肩胯一合，右足尖自然蹺起，這時重心在左腿，左掌為陽，意在左掌，左掌帶右掌同時翻轉，陰陽掌互換，左手中指、無名指仍扶在右手脈門上。（圖 20、圖 21）

圖 20　右掌回捋

圖 21　對方抓我手，將其捋翻

第六動　右掌前掤

【原文】

右掌以食指引導循內弧形線向左前上方舒伸，至左足前時，右足漸漸落平，左腿舒直，足形成右弓步式；同時，右掌繼續向右前方移動，至右臂伸直，右手拇指與右足小趾在一垂直線爲度，重心在右足，意在右掌心。

【半瓶齋注】

兩掌翻轉後，意想左陽掌對右足，指、趾相對，左掌意在往右足解谿穴上按，這時右足會放平，但還有虛起之意，左掌沾著右掌，使右肘少海穴從右膝外側（陽陵）經右委中到右陰陵經左陰陵到左膝前到左陽陵，呈一 S 形路線。腰也隨轉。再想左肩（肩井）從背後合右胯（環跳）後三合，把右手送出（意在左掌），身轉向西南再到正西，名為右手前掤。由於陰陽虛實之理，意在左手，左手為主，右手為從，是主從動關係。（圖 22）

圖 22　右掌前掤

第七動　右掌後掤

【原文】

右肘鬆力，右掌以食指引導向右後方走外弧線移動，左掌仍以中、四指尖扶右脈門，隨著移動至右掌轉到右耳旁，拇指、中指和右小眼角三點成一直線止。與此同時，左膝鬆力，向後坐身，右腿舒直，右足尖蹺起，形成左坐步式。意在左掌心，眼神從食指尖望出。

【半瓶齋注】

外形是右掌向右後方走外弧線移動，意在尾閭。以會陰為軸心旋轉，尾閭畫一小圈，帶動右環跳（胯）畫一中圈，右少海（肘）畫一大圈，三圈同時轉。

口訣是：「尾閭帶胯肘，勁源自上手」，即將對方沾起。（圖 23～圖 25）

圖 23　右掌後掤　　　　　圖 24　對方擊我面部

圖 25　我右掌後掤破之

第八動　右掌前按

【原文】

腰微鬆，右肘尖微向前下鬆垂，右足尖向左扣轉 90°（足尖朝向正南）；同時，右掌順右足尖方向向前按出，掌心向外，指尖向上，左掌仍扶右脈門處，俟右足落平時，右掌以拇指引導向右前方轉 90°（西南角）按出。重心在右足，形成丁八步，胸寬暢通背圓力全。

【半瓶齋注】

名曰右掌前按。此時重心在左足，為陰靜實，則右掌亦為陰，是克服不了對方之力的。左掌為陽，左掌指尖沾著右手脈門，使之沉肩墜肘，右掌拇指找到右地倉穴後，左掌沾著右掌（主從動關係），使右掌拇指再找左地倉，腰隨之轉動，右掌向正南按出，即將對方按出。此時重心仍在左腳，眼觀東南杜門。右掌隨眼光按向東南，猶如按

圖 26　右掌前按用法

在一堵牆上，反把體重按到了右足。此時出一靠勁，體重在右，右掌為陽，意想右掌按大、二、三、四、小指旋向（微旋）西南，右掌拇指與右足小趾上下垂直成一線（圖26）。攬雀尾八動完成。

第三式　摟膝拗步（六動）

【原文】

此勢名稱由來於術語，即左足在前而推右掌，或右足在前而推左掌，則形成左右交叉式，術語稱之爲「拗步」。拳法中，以手橫過膝或下按膝等動作稱之爲摟膝，是破敵攻下路的方法。

【半瓶齋注】

拗步的反義為順步，即左腳在前推左掌或右腳在前出右掌。順步的優點是出手軌跡延長，缺點是有去無回極易失重。太極拳的特點是纏身近戰，走的是肩胯圈、肘膝

圈、手足圈。出手軌跡不在外形的延長，而是意的延長，視神的延長，拗步進退自如，中定安舒，出手體現有意無意方為真意的運用。

第一動　左掌下按

【原文】

用意想右腕鬆力使虎口和右耳孔相貼，墜右肘，鬆右肩，這時左腿會自動向左橫開一步，左足跟著地，足尖蹺起；與此同時身軀和左臂也自動向左轉向正東，左掌心向下，與左足大趾成垂直線，兩眼注視左掌食指，重心在右腿，意在右肩。如對方用右足向我腹部踢來，我即以左掌對準其膝蓋骨向下按，迫使其自行倒退而失敗。

【半瓶齋注】

摟膝拗步技擊效果確實如原文所述，但言猶未盡。俗諺：胳膊擰不過大腿。對方右足踢過來，你用左掌去按，首先就犯了雙重之病，就是力與力的對抗，是拙力而不是太極勁。

在左掌下按時重心在右腿，為「陰靜實」，則左掌亦為陰（交互神經），外形是左掌下按，實際上意在右掌（陽）上提，意想右合谷找右耳門，當右掌提到右雲門時，再想右掌無名指勾掌心，右掌為主動，左掌為從動，左掌則產生了太極勁。

左掌下按軌跡不是直線，而是弧線，它不僅僅是防對方的腳，即使是對方的手，或摟抱你，或抓著你的胸前，掌的下按弧線均可將對方擊翻。（圖27～圖29）

圖 27 摟膝拗步

圖 28 對方抓我左肩

圖 29 我左掌摟膝破之

第二動 右掌前按

【原文】

　　眼神離開左手食指，抬頭向前方平視，這時開始用意想右肩找左胯，感到左足跟一吃力，想右肘找左膝，足放

平時再想右掌找左足。這時右掌無名指像紉針似的向前搆針孔，到重心移到左腿時立掌，凸掌心，指尖立起朝天，右臂伸直外旋，右拇指尖朝上，與食指朝右上第一橫紋成水平面。右臂外旋時，右足隨之向右外開。之後意念轉到左掌心，左臂窩微屈，左中指尖與左肘尖成一直線，左掌心捺地面，到右足能自動抬起為度。

發右掌時不要用力向前推，讓他自己到。怎麼到呢？就是眼神順右掌拇指上面平視前方，眼往哪裡看掌往哪裡推，不去想推的動作，而是想右肩找左胯，右肘找左膝，右掌找左足，右掌自然向前，之後右臂外旋，右足跟外開，腰子合上，左掌一捺地，前推勁就出來了。

【半瓶齋注】

右掌前按時不是直線運動，按外三合的要領去做則是螺旋前進，起點右掌在右肩上右耳門側，止點則右掌拇指在鼻端左鼻孔前。意念如果放在右掌，易犯雙重之病，因為與敵接觸點是右掌，避開接觸點（意念）而是意左足跟落實，左足心落實，左足掌落實，左足大趾、二趾……到小趾依次落實，對方即被擊出，這叫上下相隨。誰隨誰？就產生了主動、從動關係，在這裏左足是主動（意念放在左足），右掌則是從動，是上隨下。

再補充一點：如果不是攀架子，而是在推手或散手對敵當中，亦可採用「手動身腰定」之口訣。意想豎腰立頂，腳被地心托起（不是腳踏地心），前者穩定輕靈，後者雖穩定，但呆滯，右臂無肩無肘無腕，只有一個右掌凌空向前，對方即被擊出，如果右臂已呈伸展狀態，則採用「身動手相隨」之口訣，右臂紋絲不動，保持右掌與自己

胸前既定之距離和角度，不可前伸或後縮，只隨身動，這時身軀可由坐步彎弓步，或左顧右盼，對方則失重敗出。（圖 30～圖 33）

　　其餘四動雷同。

圖 30　右掌前按

圖 31　對手手腳齊用襲來

圖 32　我左摟右按破之

圖 33　左掌前按

第四式　手揮琵琶（四動）

第一動　右掌回採

【原文】

用意想左掌、左肘、左肩依次放鬆關節；這時右膝微微一屈，身體就自動往後坐，右掌自己就往後撤至拇指與心口窩對正，掌心向左，左掌心向下貼近左膝；這時鼻尖、右膝蓋和右足尖三尖上下相照成垂直線，尾骶骨與右足跟上下對正，重心在右腿，身子坐好後，左足尖剛要蹺時就拿左足尖點地，右手拇指就有了墜勁；兩眼平遠視，意在右肩。

【半瓶齋注】

接前式為左弓步，重心在左為陰，則右掌亦為陰，外形是右掌回採，但意念不能放在右掌（陰），意在左掌。當對方抓著我右掌時，我意放在左掌從身後合右足跟（後三合），對方即被採起。

注意：左足尖點地左足跟懸起時不能蹺足，當後三合完成，重心到了右腳（變成右坐步時）為陰，則右掌此時為陽，意想右手拇指少商穴找膻中穴，對方即被採向前栽。（圖34～圖36）

圖34　右掌回採

圖 35　對方拽我右腕

圖 36　我意在左掌後三合採之

第二動　左掌前掤

【原文】

用意念想右肩找左胯，胯一沉，左足尖就往上蹺，再

想右肘與左膝合，腳蹺得還高。然後想右手心與左足心微微一貼，用右手心吸左足心，實際是使左臂自然上升，吸到左手拇指與鼻尖對正，臂彎微彎，右手扶在左尺澤穴，兩眼平遠視。

【半瓶齋注】

實際上就是左抱七星。對方右掌擊向我胸前，我一個前三合，意在右掌下採，像壓壓板一樣，右掌把左掌壓起來，右掌沾其右腕，左臂沾其右肘，反其右肘關節，對方即處於敗勢。

第三動　左掌平按

【原文】

右掌翻轉朝天，向左前方一伸，想拿右手往左足底下塞，去托左足心，左足尖自己就往下落，想右手托左足時，就是一個掩肘，右曲池合到左陽陵二穴垂直，身子自然斜向右旋轉，重心前移，左掌心轉向地面，指尖向右前方，自然產生向下按勁，右足一虛，左掌就按，這是合。接著是開，左肩、左肘、右腕全舒展開了，左掌從右前轉左前。

【半瓶齋注】

對方抓著我左腕，我左手為陰，我想右手翻轉朝上托左足心，實際是掩右肘，左掌自動翻轉朝下，我身體自動旋向右前方呈左弓步，對方即被拿下。對方失重後，我左手中間三指找對方左耳後翳風穴，想到右翳風有穿透力，同時我右足五趾扣地，其力返到左手三指上。

第四動　左掌上掤

【原文】

左手拇指爲軸，小指引導翻轉朝下，左手向上托臂要直，托到感覺右足離開地面，左手繼續上托，沉左肘接地，右足自動向左足靠近，鬆左肩找右胯，右足落實，右手下落到脈門與肚臍平，眼神往左前上方遠望，左手追眼神，送到左手中指與眉齊。

【半瓶齋注】

此動我左手托對手右肘關節，右掌心沾其右腕關節，是反關節，但一上一下亦有主從關係。當你左弓步時，意在左掌，左掌主動上托，右掌從動；當你右足跟上，重心在右時，右掌爲主動下採，左掌爲從動。這就是陰陽腳下分之內在規律，必須遵守。（圖37、圖38）

圖37　左掌上掤

圖38　左掤右採制敵

第五式　野馬分鬃（四動）

第一動　左掌下採

【原文】

接上動。面向東，重心在左腿，鬆左肩，墜左肘，然後以左手小指導向右後下移動，使左手手背貼右膝外側，指尖向下，身軀下蹲，眼平視；右手自動往上提升，右手心上托與眼平時，右肘找左膝，右手自然向左撥出，右肩找左胯，左足自然邁出一步，重心在右腿，意在右肩。

【半瓶齋注】

當對方左手打我右嘴巴時，我要用右手托對方左肘，同時下蹲，這叫抽身長手，將其左手從我頭之右托到頭之左側，俗稱「虎洗臉」。但此時重心在左腿，左掌為陽，右掌為陰，雖然接觸點為右掌托其左肘，但意念要放在左掌下採，左掌為主動，右掌為從動，從而避免雙重之病。出左足，為隅步，是套索右肩找左胯，是後三合。（圖39～圖41）

圖 39　左掌下採

圖 40　對方打我嘴巴

圖 41　我用「虎洗臉」躲過

第二動　左肩打靠

【原文】

接上動。鬆右肩，開右胯，沉右肘，鬆右腕，右手舒展前伸，重心移到左足，手心向下，指尖朝前，到後足能

抬起時為度。重心到左腿時再動左手，鬆左手腕使虎口展
開，手心朝上，順右臂彎往上起，起到左手小指高與左耳
平，左臂輕輕伸直。隨著向右轉身，左手與右足要掛上
鈎，即接直正東正西一條直線，然後腰繼續向右轉，使左
肘與右膝成一條直線，再轉左肩與右胯成一直線（這時力
量才能到左肩），左膝外撐，不要往裏使勁，同時右手自
然下落到右踝骨上方，右手心朝下，眼看右手中指尖。

　　【半瓶齋注】

　　此式關鍵在這三條直線上，左手與右足掛鈎，左肘與
右膝掛鈎，左肩與右胯掛鈎，形成這三條直線，即為八卦
卦象中的「乾三連」，產生巨大靠勁。或是意想手三陽與
足三陽，鈎成緊緊三條直線，心中默念「乾三連」亦可。
（圖42、圖43）

圖42　左肩打靠　　　　圖43　意想「乾三連」，將其靠出

第三動　右掌下採
第四動　右肩打靠

此兩動與前兩動只是左右之別，動作要領與意念均同，從略。

第六式　玉女穿梭（二十動）

第一動　右腕鬆轉

【原文】

右掌掌心由朝上漸漸翻轉朝下；同時眼神離開左掌的中、食、拇指指尖，然後抬頭，眼再從右掌食指沿右掌外側弧形轉視右肘尖。這時左掌隨著眼的轉視動作自然上起，至左掌心托右肘，隨之右肩一鬆，左足自然前進一步，足跟著地，足尖蹺起，形成右坐步式，重心在右腿，意在右肩。

【半瓶齋注】

當對方捋住我右腕時，我把右腕接觸的力點忘掉，意念轉移到拇指指甲蓋托天，食指指甲蓋托天，中指、無名指、小指依次托天，沿右掌外到右谿，到肘尖少海，這時右掌已由手心朝上（陰掌）轉成手背朝上（陽掌），對方已被我拿起，意念形成的軌跡似一手杖形，這叫「錯點」。同時，右肩催左胯（後三合）出隔步，左足鎖著對方雙腿，這叫套鎖，形成待發之勢。（圖 44、圖 45）

圖 44　對方抓我右腕

圖 45　右腕鬆轉，意到肘尖，對方已失重心

第二動　左掌斜掤

【原文】

左足跟著地後，鬆右肩，沉右肘，感到右手心有動的意思時，凸掌心向左前方舒展；這時鬆右腕找左足，左足

放平時，右肘找左膝，重心到左腿時，右肩找左胯；這時右足後跟微微向外一開，意想左肩，左肘、左手逐遞鬆力，使左掌心翻轉向上，向左前方伸到左手脈門與右手中、無名指貼著以後，再想左手拇指指甲好似貼在地面上，然後其餘四指指甲依次好似貼到地面上，右足自然虛起，形成左弓步式。

【半瓶齋注】

這時是右坐步，重心在右腿（為陰），左掌亦為陰（交互神經）。外形雖是左掌斜掤，與敵接觸，意卻要放右掌（陽）處，意右手小指、無名指、中指、食指、拇指依次貼地推著左掌掤出，右掌為主動，左掌為從動。重心移到左腿時，左掌變陽，意念由右掌轉移到左掌，想左手拇指和二、三、四、五指指肚依次托天。到極限時，肚臍找一找大敦穴。此動由右坐步變左弓步，重心在變，陰陽亦在變，意念也隨之在變。注意：意念要放在陽掌上，這樣對方即被掤出。（圖 46、圖 47）

圖 46　左掌斜掤

圖 47　左掌將對方掤出，意在右拳

第三動　左掌反採

【原文】

左掌以食指引導，走外上弧形向左後上方移動（西南隅），右掌拇指撫左臂彎處隨著移動，同時向右後方坐身，左腿伸直，足跟著地，足尖蹺起，形成右坐步式，視線隨左掌食指，意在右肩井穴。

【半瓶齋注】

此動老師在晚年時有所補充和修正，內容很豐富。內涵如下：接前動右足虛起時，想左掌小指肚托天，向四指靠近，感到右足大趾有旋動碾地之時，左掌也有旋捻之意。想左中指肚托天，向食指靠攏；右足四趾著地，想左拇指托天，向掌心靠攏；右小趾著地，想左掌心托天；右足心著地，想左掌根托天，右足跟著地，但著地不著力，左掌托天成平面，有凌空飄起之意，右足有欲踏入地之

感，眼神注視左食指尖。

想左肘找右膝，從左側迂迴找，就是從左腿外側（左陽陵泉）經委中穴到內側（左陰陵泉）再到右腿內側（右陰陵泉），經膝前到右腿外側（右陽陵泉）走 S 形，左足虛起，重心逐漸移到右腿。繼想右肩井找左環跳，從胸前向斜下找，感覺右肩井要左環跳提蕩起來。這時左前臂自然旋轉抬起，左掌隨之高舉過頭頂，右掌拇指移到左臂彎（右少商對左少海）隨動，左足尖蹺起朝天，身隨臂轉，頭部左轉，眼神仍注視左食指尖。

第四動　右掌前按

【原文】

左足逐漸落平，隨之屈膝略蹲，右腿伸直，重心移於左腿，形成左弓步式。與此同時，右掌離開左臂向左前方（東北隅）按出，擊對方之前胸，左掌食指尖與左眉梢成上下垂直線，兩掌虎口相對，視線在右掌食指，意在左掌掌心。

【半瓶齋注】

接前動。此時面朝正北，右掌不是向東北隅按出，擊對方之前胸，這樣對方可抵可化，而是右掌向西北隅按出（按空氣）轉向正北，再轉向東北隅，右掌按向對方右腋下穿出，再轉向正東，右掌並未接觸對方身體，而是利用場勢，將對方擊出。（圖 48～圖 51）

圖 48　右掌前按

圖 49　對方擊我上部

圖 50　我左掌反採，右掌前按，
　　　　要按對方腋下空氣

圖 51　將對方按出

第五動　左掌右轉

【原文】

右臂鬆力，右掌掌心漸翻向上，靠近左肋；左掌以食指引導向右後方轉去，轉向正南方時，左足尖也轉向正南方，身隨步轉；左掌再繼續轉至面向正西時，右足尖點地，足跟虛起，兩膝相貼，重心仍在左腿；視線隨左掌食指尖轉向右前方（西北隅），意在左掌掌心。

【半瓶齋注】

此動又稱「雙龍盤玉柱」，意思是自己身軀像一個漢白玉柱矗立於天地。右掌掌心朝上為陰掌，貼於左肋，是一條陰龍，盤著玉柱，左旋下要入地；左掌掌心朝外為陽掌，外勞宮穴找右耳門穴，是一條陽龍，盤著玉柱，右旋上要鑽天。上下相隨，是下肢隨上肢左掌而動，這才身隨步轉，意念重點放在左勞宮合右耳門穴。身軀的轉動不是有意識的，而是自動化。當對方從身後抱著你身軀時，你用雙龍盤玉柱的要領去做，不想對方，撇開接觸點，只想左勞宮找耳門，對方即被甩出。

注意：左掌要拇指紮地，小指紮天，中間三指（食指、中指、無名指）併攏，找耳門。（圖 52～圖 54）

第六動　右掌斜

【原文】

左肩鬆力，使左臂舒直，左掌掌心向左後方（東南隅）下按；同時右足自動向右前方（西北隅）橫移一步，足尖虛沾地面；這時左掌以食指引導繼續走弧形向右搆右

圖 52　左掌右轉　　　　圖 53　對方從身後將我攔腰抱住

圖 54　用此式將對手甩出

耳尖，眼神一看左手食指，右足跟自動回收，屈右膝，重
心移於右腿，左腿伸直，形成右弓步式；同時右掌掌心沿
左臂外向右前方移動，移動至左掌的中、無名指指尖和右
脈門相貼為度，視線隨右掌食指，意在右掌掌心。

【半瓶齋注】

此動與第二動「左掌斜掤」動作、內涵、要領一樣，只是左右之分，不同的是斜掤前有一左掌掌心向下，從西北隅揮向東南隅（從開門運轉到杜門 180°）。如果對方抵住你的左臂，你就揮動不了。

我個人的體會是：你的視線從西北開門經正西驚門、西南死門、正南景門再到東南杜門，左掌追視線，走一180°即將對方用視線（神）擊出。玉女穿梭一共是四梭，第一梭是正北轉向正東 90°，第二梭是正北轉向正西 90°，第三梭是正南轉向正西 90°，第四梭是正南轉向正東 90°。四梭均由斜掤、反採、前按三動組成，外形動作、內涵意念、要領完全類同，只有方向左右之分，故不再重複論述。

第七式 肘底看錘（二動）

第一動 上步按掌

【原文】

右掌以食指引導，向右前斜上方（東南）伸出到右膝前，右掌在左掌之前上方；同時收左足，向前邁出成正步，繼續以右掌向左後下方捋到左膝前，左掌移到左胯外側，弓左膝成左弓步式，重心在左足；視線隨右掌食指尖，意在左掌掌心。

【半瓶齋注】

此動亦稱「上步叼擄」，左掌為叼，右掌為擄。對方左拳擊來，我以左掌拇指、食指叼其腕關節。

　　注意：不是五指全握，全握則對方很容易掙脫，而應是兩指去叼。同時，我右掌食指商陽穴引導，輕貼其左臂肘關節外側，此時為右坐步，我右掌為陽，以右掌商陽引導右掌從左肘關節推到左肩關節，意念卻想對方的右膝到右胯，同時我右坐步變成左弓步，重心移到左腿，陰陽也隨之變化，左掌為陽，我以左掌叼前左腕關節向前下方送出，意想對方右踝關節（照海穴），對方即被擊翻。（圖55、圖56）

圖 55　上步按掌

圖 56　上步按掌的實戰用法

第二動　左肘上提

【原文】

　　左足不動，坐身成右坐步；左掌漸變爲拳，掌心翻而向上，由左肋下向右斜上，經過右臂彎向前上方伸出，以食指中節對正鼻尖爲止，掌心向內；同時右掌變拳向下鬆撤，以拳眼貼於左肘下爲度，重心集於右足；視線注於左拳食指中節，意在右拳。

【半瓶齋注】

　　當對方抓著我右腕或是對方來手擊我胸前時，我右手捋其右腕，此時我是左弓步，左手為陽，我以左手從背後找右足跟（後三合），同時右坐步，對方即被拿起前栽。成右坐步時，右手為陽，右手沉採，右手鬆沉找自己左足解谿（前三合），同時左手變拳，拳從口出，擊其下頜。（圖57～圖59）

圖57　左肘上提　　　　　圖58　對方抓我右腕

圖 59　我右拳下採，左肘上提

第八式　金雞獨立（四動）

第一動　雙掌滾轉

【原文】

　　兩拳同時鬆開變掌，掌心互相翻轉向左前方移動，右掌伸到左肘下，掌心向下，虎口朝後；左掌心向上，虎口朝前。左足落平，弓左膝成左弓步式，重心移至左足。視線注於右掌食指尖，意在左掌掌心。

【半瓶齋注】

　　左掌心向下，虎口朝後，右肘尖壓左前臂，稱之為「扣壓手」。叼腕為扣，肘平為壓，前掌掌心朝上，虎口朝前，捏其咽喉，稱之為「黃鶯掐嗉」。在八卦掌中稱之為「老僧托鉢」。扣壓其左臂時，要求鬆沉，自身前傾，想其右膝（交互神經）。（圖60、圖61）

圖 60　雙掌滾轉

圖 61　用法

第二動　右掌上掤

【原文】

右掌以食指尖引導貼左臂下，向左前方往上舒伸，領腰長身。當右臂彎向前達到左掌下時，提起右膝，右掌指尖上指，繼續向右轉動。當身轉向正前方時，右掌高舉，掌心向左，指尖朝上，左掌指尖下指懸垂於右足足跟，身向正東，左足單足獨立。眼向正前方平遠看，意在右膝膝蓋尖。

【半瓶齋注】

右掌上掤時為左弓步，為陰，左掌為陽，所以用左掌貼右臂上掤，左掌為主動，右掌為從動。此式作用是用膝擊撞其陰部，但意不在右膝，而是意在左掌指尖下夠右足跟，右膝自動上提，用膝不想膝，這就是「上下相隨」。（圖 62、圖 63）

圖 62　右掌上掤　　　　　圖 63　將膝撞陰部改為挑翻

　　注：此式過於陰毒，有失武德，可改為挑打，右掌挑其右腋，右腿挑其右腿內側，使其翻跌。

　　三動、四動與前二動同，只是左右之分，從略。

第九式　倒攆猴（十動）

第一動　右掌反按

【原文】

　　左肘鬆垂，肘尖虛對左膝，左掌在耳外側（掌心向右）；右掌以拇指引導，向右膝前方按出（挷掌），掌心向外，指尖向下；視線注於右掌掌根，意在右掌掌心。

【半瓶齋注】

　　左掌鬆垂，合谷找耳門穴。此動為穩定自身，空胸緊背。挷掌時，收小腹，鬆沉腋下，擊其上腹部，意想對方尾閭，形成穿透力。（圖64、圖65）

圖64　右掌反按　　　　　圖65　反按上腹，意到尾閭

第二動　左掌前按

【原文】

　　右掌以拇指引導向左轉摟左膝後，鬆垂到右股旁，掌心向下，指尖向前；同時左腕鬆力變鈎，右膝鬆力向下蹲身，左掌以無名指引導，向正前方按出。左足向後撤，以左腿舒直爲度，弓右膝成右弓步式；重心集於右足，視線經左掌拇指向正前方平遠看，意在右掌掌心。

【半瓶齋注】

　　對方以右手抄我左腳時，我則以右手沾捋住對方右手腕後，意想自己右手沉採與自己右足去合，向右、向後到胯側（環跳）處，在對方前傾失去重心時，再以左掌擊其面部，或按其肩背使對方撲跌。（圖66～圖68）

圖66　倒攆猴

圖67　對方抓我右腕

圖68　我用無名指將其沾起

第三動　左掌下按

【原文】

　　左腕鬆力，左掌向右前方舒緩下按，同時重心後移於左足，揚右足尖；左掌掌心與右足大趾上下相對，同時右腕鬆力向上提到右耳外側；重心集於左足，視線注於左掌食指尖，意在左掌。

圖 69　倒攆猴之撤步　　　　　圖 70　倒攆猴之按掌

【半瓶齋注】

　　此時為右弓步，重心在右，則左掌為陰，右掌為陽，意在右掌合谷找耳門穴，右掌為主動，左掌為從動。對方以右手抓著我右腕時，我只以右手無名指沾其右腕，當右掌合谷找耳門到雲門穴時，右手無名指扣自己掌心，實際是扣上對方右手腕，意念卻在鈎對方左足照海穴，對方即被沾起失重前傾，其後腦部位暴露給我，任我擊打。這就是「倒攆猴頭」，即倒攆猴式的名稱（圖 69、圖 70）。其餘數動類同，只是左右之分，從略。

第十式　斜飛式（四動）

第一動　左掌斜掤

【原文】

　　左掌以小指引導向左前上方斜轉，右掌掌心向右後下

圖 71　左掌斜掤　　　圖 72　沾截對手臂彎

方；腰微向下鬆；重心仍在右足，視線注視左掌食指尖，意在右掌掌心。

【半瓶齋注】

左掌虎口向左前上方圓撐，合谷穴朝下；與此同時，右掌虎口向右後下方圓撐，合谷穴亦朝下，兩臂舒展成180°左高右低。此時為右弓步，右掌為陽，意在右掌，為主動；左掌為陰，為從動。兩合谷接太空之氣，兩足太衝穴（足大趾二趾之間）接大地之氣。對方以右手打我左嘴巴，我以左虎口沾截其臂彎（不用力），而意在右掌朝右後下方按地後撐，即破對方來手。（圖 71、圖 72）

第二動　左掌下捋

【原文】

左掌以小指引導，走左外下弧形線，向右移到右膝前為度，掌心向右，指尖向下；右掌以食指引導走外上弧形

線，向左移到左耳外側爲度，掌心向左，指尖向上；重心仍在右足，視線向正前方平遠看，意在右掌掌心。

【半瓶齋注】

這個動作門內俗諺稱爲「虎洗臉」。對方右掌被我沾截而動彈不得，復以左掌打我右嘴巴。我右虎口將其左肘托起，抽身長手，將其左臂托到我左上方，同時左手下捋，將其右臂捋到我右下方，將對方兩臂擰成麻花，使之完全處於被動之勢。此兩動合起來，是破對方雙打嘴巴之法。（圖 73～圖 75）

圖 73　左掌下捋

圖 74　對方復打我右嘴

圖75　我以「虎洗臉」將其雙腕擰住

第三動　左腳前伸

【原文】

左膝鬆力，左足向左前方（東北隅）伸出，足跟著地成右坐步式（隅步），重心仍在右足；視線注視左前方，意仍在右掌掌心。

【半瓶齋注】

出左足不要想左足，想用右肩（後三合）從背後左後下催左膝，左胯被動提起，左膝才鬆，左足才伸，這樣才能穩定自身，支撐六面勁。出隅步叫「套索」，套索著對方右腿，形成待發之勢。眼神轉向東北，左手想摸右足跟，有空胸緊背之感。

第四動　左肩左靠

【原文】

兩肘鬆力，右掌以小指引導向右下垂，左掌以食指引導向左上提；左足落平，兩掌心虛合，弓左膝；兩掌分開，左掌向左前上方移動，以腕與肩平爲度，掌心斜向內；同時右掌向右後下方虛採，以掌心遙與右足外踝相對爲止，重心集於左足成左弓步式（隅步）；意在左掌掌心。

【半瓶齋注】

由右坐步變左弓步同時，兩掌虛合錯掌，此時重心仍在右腿，右掌爲陽，意想右掌後摟，到右環跳時右掌已到極限，意動形不動。繼想右掌走上弧線前翻（只是意想）。此時重心已到左腿（左弓步），左掌爲陽，想左肩與左胯合，左肘與左膝合，左掌與左足合，一側相合，合不上，成爲六沖，產生沖勁，前足自動虛起，有飛翔之感，對方即被靠出反跌於地。（圖76）

圖 76　左肩左靠

第十一式　提手上式（四動）

第一動　半面右轉

【原文】

視線離開左掌向右前方移動；同時身向右轉，面向正南，身向後坐，成左坐步式，左足尖向右扣轉（足尖向東南）。與此同時，右掌向左上方移動，至拇指尖遙對鼻尖；左掌向右移動，拇指貼於右臂彎，兩掌掌心遙遙相對，重心在左足；眼從右手拇指尖平遠看，意在左掌掌心。

【半瓶齋注】

對方抓著我左腕，我眼視東北（生門）轉看正東（傷門），左手追眼神，再轉向東南（杜門），左掌繼追眼神。再轉看正南（景門），左掌緊追眼神，轉向正南下按，對方已從東北隅被我提拽到正南前栽。

注意：眼神轉視四門時，要看到前上方天際，起碼也要看到前上方樹梢的高度，此動將對方提拿起，全憑視神，不是力，也不是意，這就是所謂「超其象外，得其寰中」。（圖77）

圖77　提手上式之抱七星式

第二動　左掌打擠

【原文】

右足落平，右膝弓出成右弓步式，左腿舒直成箭步。同時左掌以掌心向前推出；右掌以小手指引導向下鬆，以指尖與肘尖橫平爲度。此時右掌掌心向內，指尖向左，而左掌則推到右腕脈門處打擠，掌心向外，指尖向上，食指尖遙對鼻尖。眼平遠視，重心集於右足，意在右掌掌心。

【半瓶齋注】

此動從外形看是後掌推前掌出擠勁，其實有其微妙的內涵：其一，打擠同時，前掌以食指爲軸、其餘四指爲輪微微內旋，不超過 45°，對方根即被提起。後掌以大陵爲軸、五指掌心爲輪向前扣旋，亦不超過 45°。這時前掌右脈門回找左掌心，左足虛踏地有騰挪感，對方即出（王培生老師傳）。其二，打擠時，前掌食指出橫勁，後掌掌根出直勁，一橫一直，對方即出（朱懷元老師傳）。（圖 78）

圖 78　左掌打擠，右掌變鈎

第三動　右掌變鈎

【原文】

右掌五指微攏變鈎手，向前上提，身隨腕而上長，左足虛淨，隨身之上長而收至與右足相齊；同時左掌下按，至拇指橫貼於臍下為止；視線與意均在右腕。

【半瓶齋注】

接上式。我打擠，對方涵胸，擠勁落空，我隨即右掌變鈎手。

注意：鈎手時腕不動，腕關節保持平直；掌不動，掌背保持平直，只由五指根節變鈎，出寸勁，擊其前胸。如對方再後躲，頭必前傾，我隨即橫鈎變豎鈎上提，擊其下頜，這叫單托雙落，使其下頜脫落。其間，我重心在左足，右鈎手上托時，意在左掌下按，否則即犯雙重之病。（圖79、圖80）

圖79　對方涵胸將擠手化去　　圖80　右鈎上提，單托雙落

第四動　右鈎變掌

【原文】

右鈎手上提，以小指引導漸向上翻轉變掌，掌心向外前上方，指尖斜向左上方；眼從右掌食指尖仰視遠方，重心仍在右足，意在右掌掌心。

【半瓶齋注】

接上動。我以右挒手提擊對方下頜，對方略微後移，化開我的腕打，我隨即右鈎手變掌，視線從右掌虎口仰視天空，掌心追向天空，掌雖高舉，但要沉肩墜肘，保持自身穩定，右掌有鋪天蓋地之勢，為下式撲按做好鋪墊。（圖81）

圖 81　右鈎變掌

第十二式　白鶴亮翅（四動）

第一動　俯身按掌

【原文】

注視右食指尖，逐漸向前俯身，俯至肩與右掌（掌心向外）相平時，視線改爲注視左掌食指尖，左掌向下按至極度爲止。俯身時兩腿直立，重心平均在兩足，意在左掌掌心。

【半瓶齋注】

此動外形是撲按對方面部，兩足外形平立，但重心轉移到左足，左腿為陰，右掌亦為陰（交互神經）。右掌雖為接觸點，但意在左掌前按空氣，則右掌出現撲按勁，將對方撲翻。此動體現了上下肢的陰陽變化，重點是足下重心的陰陽變化。在實戰中，另一種俯身按掌是用左掌輕撫其命門穴（拿其中節），右掌輕捂其面門，意想與自己左足相合，對方即仰跪於地下。（圖82、圖83）

圖82　俯身按掌　　　　圖83　俯身按掌實戰用法

第二動　向左扭轉

【原文】

右膝鬆力，左指尖下垂（視線仍在左掌食指），以拇指引導掌心向左翻轉，逐漸向外轉型至正東到左足外側爲度，視線移於左掌中指尖。同時右掌亦隨上身轉向正東，掌心向外，重心集於左足，意在左掌掌心。

【半瓶齋注】

對方在我左側以右掌擊我面部或摟我脖頸，我則想右肩井找左環跳，身軀自然向左扭轉，使其右掌落空，我右掌則穿其右臂下面，右腕沾其右腕，重心移到左足，左掌貼於自己左腿外側，無名指、小指指地，重心雖在左足，但左足輕虛，這叫「白鶴單亮翅」。（圖 84）

第三動　左掌上掤

【原文】

左掌以中指引導向外伸展到極度，左臂自動上起，左掌升至頭頂後向右前方轉正（仍向正南）。同時右掌隨而轉正，兩掌掌心向外，十指均上指。眼由兩掌中間向前上方仰視，重心仍在左足，意在兩掌掌心。

【半瓶齋注】

上掤時意想左掌少商、商陽、中衝、關衝、少衝依次升起，追眼神到東南隅，由東南轉向正南時，食指、中指、無名指三指併攏，繼續升空追眼神。兩臂雖高舉，但仍要有沉肩墜肘之意，此時我左前臂貼其右上臂外側（陽維脈），將其沾起搜根。自己夾脊穴已開，兩掌與肩同

圖 84　向左扭轉

圖 85　左掌上掤

寬，叫「白鶴升天」。（圖85）

第四動　兩肘下垂

【原文】

兩膝鬆力，漸向下蹲身，肩、肘、腰、胯各部均鬆力；兩肘尖漸漸下垂，兩掌隨肘落而向內轉至兩腕與肩平，掌心轉向內為止；重心在兩足，眼從兩掌中間平遠看，意在兩掌指尖。

【半瓶齋注】

這時以小指為軸，由少衝開始，以關衝、中衝、商陽、少商為序兩臂外旋，掌心逐漸轉向內，同時墜肘，兩腕與肩平為度。墜肘同時，身軀像坐電梯一樣下墜，臏骨（膝尖）屈到與大敦穴垂直一線為度，重心移到左腿，兩手中指和百會穴成等腰三角形，兩肘尖與左腿似三足火爐（意念兩肘尖紮地）。在擊技上，是對方右肘被我滾肘沉

圖 86　兩肘下垂　　　　圖 87　滾肘下壓使其匍跌

採下壓而匍伏在地。（圖 86、87）

第十三式　海底針（四動）

第一動　左掌下按

【原文】

　　左掌以小指引導向左前下方按出，此時掌如扶物，以左臂舒直為度。同時右腕鬆力，腕在右耳旁，掌心向下，指尖向前；上身隨視線（看左掌食指尖之轉動而向左轉），重心集於右足，視線不離左食指尖，意在左掌掌心。

【半瓶齋注】

　　原文最後一句「意在左掌掌心」，恐係印刷錯誤，或原稿筆誤。此時重心在右腳（為陰），則左掌亦為陰（交互神經），如果意在左掌即犯「雙重」之病。此動要領在

右掌（陽掌）的合谷穴找耳門穴，右掌為主動，左掌下按為從動。（圖88～圖90）

圖88　左掌下按

圖89　對方踢來，按膝破之

圖90　海底針

第二動　右掌前按

【原文】

左足向左前移半步（面向正東），足跟先著地，足尖漸落實成左弓步；同時右掌以無名指引導向前按出（正東），掌心向外，拇指遙對鼻尖。

【半瓶齋注】

此動就是一個左摟膝拗步，要領與前摟膝拗步同，只是在擊技時，重點是自己左膝的陽陵泉穴位去貼對方的右陰陵泉穴，其根已亂，處於敗勢。

第三動　右掌前指

【原文】

身向後坐，重心移於右腿成右坐步式。同時右腕鬆力，右掌指尖前指，掌心向左。視線從右掌拇指尖上方正前平遠看，意在右掌掌心。

【半瓶齋注】

左弓步時右掌為陰。當對方抓著我右腕後拽時我右腕放鬆，此時左掌為陽，意在左掌後三合（想左掌從背後合右足跟），身軀自動形成右坐步，對方反被我拽起，到定式時，右掌為陽，意才轉到右掌。

第四動　右掌下指

【原文】

鬆腰，右腕部鬆力，指尖漸向兩膝尖下指，掌心向左，指尖向下；左掌以食指引導斜右上，食指尖到右耳外

側爲度，掌心向右，指尖向上。同時左膝鬆力，撤左足，坐步變成併步，足尖虛著地，重心仍在右足。視線向正前平遠看，意在右掌掌心，指尖向下引伸，含有插入地中之感。

【半瓶齋注】

當對方抓著我右腕時，我將右手腕忘掉，意想右掌心形成一小氣場，這叫錯點。右掌指尖引導飄浮過對方百會到背後落到尾閭，穿襠回夠自己的左腳，其軌跡是一個圓弧狀，將對方罩著，對方即前傾跌。

注意：不能用力，全憑用意。

第十四式　扇通背（二動）

第一動　兩臂前伸

【原文】

重心不動；右掌以食指引導漸向前上方移動，以臂與肩平爲度，掌心向左；左掌由右耳側移到右臂下，以掌心順右臂向前伸長，同時右掌掌心漸翻向下，與左掌掌心虛相合；視線注於右掌食指尖，意在右掌掌心。

【半瓶齋注】

對方右拳向我前胸打來，我右掌貼地向前引伸走一弧線高過頭頂，我右掌已沾其右肘向上擎起，右肩後倚，左胯起，右肘後移，左膝起，右掌後移，左足伸，足跟虛著地面，我左陰陵穴貼著對方右陽陵穴，已形成套索之勢。

（圖91、圖92）

圖 91　扇通背

圖 92　扇通背定式

第二動　左掌前按

【原文】

　　伸左足，足跟著地，足尖向右轉（向正南）落平；兩掌分開，左掌食指引導向左前方按出，掌心向外，指尖向上，右掌與左掌分開後，亦以小指引導向右後上方掤去，右肘彎曲，右掌食指指向右眉梢。同時鬆腰向下蹲身，右足跟向左轉成騎馬步式，重心在兩足。視線從右掌食指尖上方平遠看，意在左掌掌心。

【半瓶齋注】

　　接上動。我左腳貼著其右足跟，想向南扣腳扣不動，此時想右掌托天，旋腕，右手食指旋向北方，我左足隨之扣向南方，對方右腳已經我左足扣起失重，這叫上下相隨。足隨手，手為主動，足為從動，同時我馬步已形成，左掌推，右掌托，腰下坐，「推、托、坐」同時完成，對

圖93 扇通背用法

方落於敗勢。（圖93）

第十五式 左右分腳（十二動）

第一動 兩掌虛合

【原文】

左掌以小指引導向下往回收撤，掌心轉向上，到胸前爲止；右掌鬆力，向前落到胸，臂與肩平，掌心向下與左掌虛對（上下距離六寸）。同時長腰立身，收左足（足跟約離右足一寸），足尖虛點地面，成丁虛步，重心集於右足。視線注於右掌食指尖，意在右掌掌心。

【半瓶齋注】

接前式（扇通背）。對方抓著我左腕後拽，我左腕鬆力，右合谷找耳門，同時右足尖扣向東南，重心集於右足，對方反被我提起；兩掌虛合，意在抱球，球直徑是否

六寸，依人而定（中氣的強弱）。抱球時，感覺憋氣，是中氣較強，可調整大於六寸；抱球時，感覺氣短，是中氣較弱，可調整小於六寸。收左腳抱球，右合谷找左雲門穴，身體轉向正東。

第二動　兩掌右伸（左高探馬）

【原文】

右膝鬆力，向下蹲到極度，左足向左前方伸出，足跟先著地，逐漸落平。右掌繼續走外弧形移到右前方為止，右掌在外，掌心向下；左掌在右臂彎處，掌心向上，重心集於左足。視線注視右掌食指尖，意在左掌掌心。

【半瓶齋注】

右肩背後催左胯，左足前伸成隅步。對方右拳向我胸前擊來，我左前臂輕沾其右前臂，意想左掌拇指指甲蓋、食指、中指、無名指、小指依次落地，對方即失重前傾。我視線視其頸部，右掌追視線，順其上臂直擊其右翳風穴，意想其左翳風，形成穿透力，對方被擊，瞬間休克。（圖 94～圖 96）

圖 94　兩掌右伸

圖 95　左掌沉採

圖 96　右掌擊對方翳風穴

第三動　右掌回挒

【原文】

右掌以小指引導走內弧形，漸向左下方移動，以手背

圖 97　右掌為支點，左掌走上弧線，為拿法

貼在左膝蓋左側為止，掌心向左。同時左掌以食指引導，漸向右上方移動到右耳為止，掌心向右，形成左弓步式（隅步），意在左掌掌心。

【半瓶齋注】

上一動是擊法，此動為拿法。外形看似是右掌壓其右頸部將其壓翻，實際是右掌（為陰）貼其右頸不動，為定點。我左掌不是指甲蓋貼地沾其右臂，而是用虎口卡其右腕，向下、向前、向上走一大弧線，此弧線圓心即右掌沾其右頸之定點。我轉腰回看自己內踝照海穴處，右掌隨左掌動而動（左上右下），對方即翻滾在地。（圖 97）

第四動　兩掌交叉

【原文】

右掌以拇指引導，掌心先轉向內，由下向上移動，掌心復轉向外，走上弧線，繼續向左前（東北隅）方移動，

到腕與肩平為止。同時左掌以食指引導，漸向左上方移動，到腕與肩平為止，與右腕交叉，右掌在外，左掌在內，掌心均向外。重心仍在左足，視線由交叉兩掌中平遠看，意在左掌掌心。

【半瓶齋注】

盤拳時做此動要領，兩掌小指尺側兩少澤穴要與鼻尖（準頭）成等邊三角形，兩臂舒展不動，用鼻尖去追搆這等邊三角形，這時舌根不會溢出口水，道家稱此口水為金漿玉液，對身體有益。

在技擊上，是用我左手叼採其右腕，我右掌從下穿架其右臂外側，我兩掌交叉搭成十字狀。

第五動　兩掌高舉

【原文】

兩掌以小指引導，向左前上方舉過頭頂，同時身隨臂起，右膝提起（膝與胯平），右足懸垂，左足獨立；視線在兩腕下方平遠看，意在左掌掌心。

【半瓶齋注】

兩掌高舉身隨臂起後，兩肘下墜，意在左肘少海穴接地，右肘下墜有形無意，右膝由於交互神經，隨左肘下墜，自然提起（這是「上下相隨」）。提右膝不想右膝，只想墜左肘，達到穩定平衡。當墜左肘時，將口中「金漿玉液」嚥入丹田。（圖98）

圖98　兩掌高舉

第六動　兩掌平分

【原文】

　　兩掌以指尖引導走上弧線，向右前、左右斜角分開，以掌與肩平爲度，右掌掌心向左、指尖向前（東南隅），左掌掌心向右，指尖向後（西北隅）。同時右足向右前方踢出，腳面繃平，腳尖上挑，與右臂上下成平行線，重心在左足。視線注於右掌拇指尖，意在左掌掌心。

【半瓶齋注】

　　此動用右足足尖踢胸點肋，用右足不想右足，想左掌指尖向西北隅，右足自動向東南隅踢出，這也是上下相隨（下隨上），既不犯雙重之病，又能達到穩定平衡。

　　此動另一用法是用自己右腿足三里穴找對方右環跳穴，自己右足一落地，蹭到對方右腿外側，對方即仰翻出去。（圖99）

圖 99　踢胸點肋

以下數動是由右分腳過渡到左分腳，要領相同，不再重複論述。

第十六式　轉身蹬腳（四動）

第一動　兩拳交叉

【原文】

左膝鬆力，左足懸垂；兩臂鬆力，各以小指引導向前合，逐漸變為拳，到正前方兩拳以腕部左右交叉，左拳在外，右拳在內，重心仍在右腳，視線從兩拳中平遠看，意在右拳。對方右手捋住我左腕，我則以兩掌變拳，屈臂、沉肘，同時兩臂內旋交叉十字停於胸前，左足仍垂懸不落，對方已被我拿起。

【半瓶齋注】

兩掌變拳易出拙力，易犯雙重之病。意念上兩掌變拳如握兩個輕氣球，不掉不破為度，沉肩、墜肘、鬆腕，兩拳如飄移交叉，對方即被拿起。

第二動　提膝轉身

【原文】

左膝向左後上提（膝與胯平）以右足跟為軸，向左後方轉身（西北隅），右足尖也轉向西北；兩拳交叉不變，意在右拳。對方如自身後以右掌向我頭部打來，我則急忙向左轉換身形，這時在意識上要特別注意自己的重心的穩定性。

【半瓶齋注】

此動外形看是重心足在旋轉變向，實則實足旋轉完全

是處於隨動（上下相隨）。

　　要領是：收小腹，空胸緊背，右拳拳心（內勞宮）走上螺旋找左耳門，以臂帶腰，以腰帶足，意念全在右拳拳心向左後上方飄移，才能做到重心的穩定。

第三動　兩掌高舉

【原文】

　　兩臂鬆力，兩拳向上方伸舉，翻轉變掌（指尖向上），掌心均向外；重心仍在右足，意在右掌。

【半瓶齋注】

　　在轉過身的瞬間，兩拳分開與肩同寬變掌，兩掌意在十指摀天，達到自身平衡穩定，隨即兩肘下墜，意在右肘少海貼地，提起左膝與胯平為度。這是上下相隨，下肢隨上肢，意在右肘肘尖。（圖 100）

圖 100　轉身蹬腳

第四動　兩臂平分

【原文】

兩掌以指尖引導走上弧形線，向左前、右後斜角分開，以掌與肩平爲度，左掌掌心向右，指尖向前（西南隅），右掌掌心向左，指尖向後（東北隅）。同時左足向左前方蹬出，與左臂上下成平行直線，重心在右足。視線注於左掌拇指，意在右掌掌心。

【半瓶齋注】

我先以右手沾其右腕往後牽引，並以左掌劈擊其面，其必向後奪右腕，頭向後仰，我則乘勢以左足跟蹬其右胯，視線視其左踝，意在右掌根後撐。

第十七式　進步栽捶（六動）

前四動爲左右摟膝拗步式，作爲過渡式，前文已述，不再重複。

第五動　左掌下按

【原文】

左掌下按，以食指引導向前下按至右膝前爲止，同時右腕鬆力，向上提至右耳旁；重心仍在右足，視線注於左掌食指尖，意在右掌掌心。對方用右順步掌向我面部或胸部打來，我則以左掌按著對方臂彎處，不可離開爲要，同時進左步鎖著對方右腿，隨之提起右掌靠近右耳，準備發招。

【半瓶齋注】

我以左掌虎口採其右臂彎處，意在右掌合谷找耳門

穴，右掌提到雲門時無名指勾手心，右掌為主動，左掌（接觸點）為從動。

第六動　右拳下栽

【原文】

抬頭，視線逐漸向前平視，提頂立腰，左腳向前邁出，成左弓步式。同時左掌摟膝後，右掌變拳，隨左膝之前弓而向下方伸至左足前止，拳眼向後，左掌虛貼右臂。重心在左足，視線注於右拳食指中節，意在左掌心。對方以右拳擊我面部時，我則以右手順其來勢反握其右腕，並以左手扶其右臂彎處，兩手同時微作內旋，使其臂腕彎曲貼近右肩時，邁進左步，握其右腕向左足前往下栽植，對方應手倒跌，翻滾在地。

【半瓶齋注】

右拳下栽前瞬間，我左肘尖（少海）微內旋找自己膻中穴，我右手握其右腕不要用力，如握一輕氣球，既不讓球跑，也不得將球握破，將其沾著，能過其右肩走一大弧線，我右掌與左足相合，身如鞠躬，左氣衝穴與腹股溝相合，意在左手，對方即翻跌在地。（圖 101、圖 102）

第十八式　翻身撇身捶（二動）

第一動　右拳上提

【原文】

右拳向前往上舒長，提高過眼時，以左足足跟為軸，足尖向右轉至正北；右肘鬆力，以肘尖引導向右後方轉

圖 101　進步栽捶　　　　圖 102　栽對方之捶

去。身隨臂轉到正東，重心在左足，右足跟虛起。當左掌
隨右掌提到正北時，左掌心撫在右肘彎上，繼續隨轉。視
線先注視右拳，轉向正北時注視右肘，意在左掌指。如對
方自我身後撲來，我急轉身，同時屈肘以肘尖擊其胸肋
部。另一用法是：對方以右拳迎面打來，我則以右手採其
右腕（使其掌心向上），左手輔佐之，同時以左肩緊貼其
右肋下（做支點），隨即向右轉身，重心仍在左腿，左足
尖虛點地面。

【半瓶齋注】

　　對方從身後撲來，我急轉身以肘擊之，叫「朝天獻
肘」（肘尖運動軌跡是斜上方），此時重心在左腿（為
陰），則右肘亦為陰。雖是肘打，意要放在左掌（陽）插
在右臂彎處，左掌為主動，右肘為從動。當對方以掌封著
我肘尖，我則以肘尖做支點，左掌從右臂彎處順前臂撫至
右拳眼處，右臂舒直，擊其頭部（印堂或耳門或太陽諸

穴），此為「肘開花」。（圖 103～圖 105）

圖 103　撇身捶之朝天獻肘

圖 104　撇身捶

圖 105　撇身捶用法

第二動　右肘下採

【原文】

右足跟向左收正，向右橫開（正步），弓右膝成右弓步；右拳隨之下垂與膝蓋平，拳眼向上；抬頭平遠視，意在右拳。

【半瓶齋注】

接上動。我右手平其右腕，左肩緊貼其右肋為支點，轉身下採，對方右臂被蹩，只能跌出，否則其肘關節必斷。此式外家拳稱「周倉扛刀」。如用此式則稱別身捶而不是撇身捶。（圖106、圖107）

圖 106　右肘下採

圖 107　對方從後襲來，
刁其腕，右肘沉採

第十九式　二起腳（六動）

第一動　翻掌出步

【原文】

左掌以小指引導，循右拳外面向下翻轉，掌心向上，右拳心微轉向下，與左掌掌心虛對。左膝鬆力，左足向左前伸出，足跟著地（隅步）成右坐步式，意在右拳。對方抓著我右腕時，我則以左手按其手背作外旋沉採，同時右拳鬆開變掌沾其手指，作內旋上掤（此為擒拿手法，名叫「白蛇吐信」），同時邁出左步，含有踹其脛骨之意。

【半瓶齋注】

雖是擒拿其右腕，對方如反應快與我對抗，即犯雙重之病。我「意識上」丟掉接觸點（對方右腕），而是拿其左踝照海穴，對方即處於敗勢。（圖108）

圖 108　二起腳

第二動　兩掌右伸

與前文探馬掌相同，不再重複。

第三動　右掌回将

與前文探馬掌相同，不再重複。

第四動　兩掌交叉

與前右蹬腳相同，不再重複。

第五動　兩掌高舉

與前右蹬腳相同，不再重複。

第六動　兩掌平分

與前右蹬腳相同，不再重複。

第二十式　左右打虎式（四動）

第一動　兩掌合下

【原文】

　　右膝鬆力屈膝；左掌以食指引導，掌心翻轉向下、向右合，右掌亦以食指引導，掌心翻轉向下、向左合，一同伸向左前方東北隅，左掌在前，右掌在後，右手拇指貼於左臂彎右側。左膝鬆力，下蹲到極度，右足向右後（西南隅）撤，足跟著地，重心在左足。視線注於左掌食指尖，意在左掌心。對方以右拳擊我前胸，我則以右手将其右

腕，左手採其右肘向右下方捋出。

【半瓶齋注】

　　兩掌同時探向東北隅，坐腕凸掌心（內勞宮），催動右足向西南隅後撤（上下相隨，下隨上），足跟著地。左掌心、右腳心和命門三點成一線時，有氣感反應，視線通過左掌攝著對方眼神。左膝下蹲所謂極限是：臏骨不得超過大敦穴，要上下垂直成一線。（圖 109、圖 110）

圖 109　兩掌合下

圖 110　對方虎撲襲來

第二動　兩拳高舉

【原文】

兩掌向右捋，捋到左膝前，右足尖向右（正南）落平，兩掌捋到兩膝時，重心平均於兩足成蹲襠式；捋到右膝前時，弓右膝，左足尖向右轉（正南）；同時兩掌變拳，向右前方伸出，右拳在前，拳眼向左前方（正東），左拳眼向上，貼在右肘下；眼看左前方（東南），意在右拳。

【半瓶齋注】

兩掌向右捋時，左勞宮扶左膝外側（左陽陵泉），右勞宮扶右膝內側（陰陵泉），同時肚臍一癟，神闕找命門，這叫甩縮力，背能承重。再想左肩找右胯，左掌心從左陽陵到左陰陵，右掌從右陰陵轉到右陰陵。當右掌到右環跳時，左掌到右陰陵，兩掌變拳，右拳探向右前方時把左拳帶起（陽帶陰）。對方撲來，我左掌捋，右掌採，兩掌均要輕靈鬆透，意想我右側後有一大坑，將其請入坑內，以視神帶腰，以腰帶手。此動兩腳變向時，均要以足跟為軸，足尖旋向正南，一前一後，不可忽略。（圖111～圖114）

圖 111　兩掌右捋

圖 112　引進落空

圖 113　轉體左貫

圖 114　迎貫對手面部

第三動與第四動為左打虎式

與前兩動相同，不同處只是左右肢互換。兩足落地是腳掌為軸，腳跟碾蹬。此四動的撤步動作為披閃步，技擊

上含側身避敵、側身進擊兩重意思，牽動帶脈和沖脈。

第二十一式　雙封貫耳（四動）

第一動　兩拳高舉
第二動　兩掌平分

此兩動是右蹬腳，前文已述，略。

第三動　兩掌下採

【原文】

左膝鬆力，向下蹲身，右足跟虛沾地，成左坐步式；兩臂鬆力，右掌以小指引導向左移，左掌則向右移，同到正前方（正東），兩掌距離與肩之寬度相等，掌心向上；右膝漸向前弓，兩掌隨右膝之向下鬆力走下弧形，向後採向極度時，掌變為鈎，同時右足落平，弓膝成右弓步式；眼平遠視，意在雙腕。

【半瓶齋注】

當對方摟著我腰時，我左掌擦著我右乳中穴斜下插向右腹，然後右掌擦著我左乳中穴插向左腹，左臂在前，右臂在後，掌心均向後。插掌時空胸緊背，弓右膝時，兩掌五指微撮攏，意在兩肘尖（少海）貼地平行後移。開始左坐步時（陰）意在左肘尖（陽），到右弓步時（右陰）則意變到右肘（陽），兩掌在背後上撫，兩掌心貼於腎俞穴。（圖115～圖117）

圖 115　對方摟抱我腰

圖 116　我雙掌插入內圈

圖 117　雙掌後撫命門

第四動　兩拳相對

【原文】

　　兩鉤手各以指尖由裏向外轉，繼以兩腕引導，兩臂各向左右舒平到高與肩平時，鉤變爲拳，同時轉到正前方

（正東），兩拳拳面相對（相距約 10 公分），拳眼向下；重心仍在右腿，意在兩拳。我兩拳從身後分為左右奔向正前方，夾擊對方雙耳門為度。

【半瓶齋注】

如果用兩拳同時左右圈擊對方頭部，必然顯得兩臂發滯，力不從心。要領是兩掌只想從兩腎俞穴下滑到兩環跳穴，很輕靈，自動形成兩道下弧線，同時沉肩墜肘，兩掌變拳，拳面相對，擊對方耳門。這就是「有意無意之間，方為真意」，有意雙掌下滑，無意擊打對方。（圖 118、圖 119）

圖 118　雙拳滑向前上方

圖 119　鎖住對手雙臂，雙拳貫其耳門

第二十二式　披身踢腳（四動）

第一動　兩拳右轉

【原文】

右足跟鬆力向右轉（足尖向正南）；同時，視線隨兩拳向右前方（東南隅）轉移，重心仍在右足。如對方抓住我兩手腕後拽時，我即隨其拽勢，上體微向右扭轉，變為歇步（右足尖外擺，左膝抵著右腿委中穴，左足跟虛起），這時對方重心已失。

【半瓶齋注】

此動旋體時，只想右腎托左腎，右腎下旋，兩肘內旋、兩腕接觸點的軌跡，是由腰圈、肩圈、肘圈、腕圈組合成的運動軌跡，對方處於被動。（圖 120～圖 122）

圖 120　兩拳交叉右轉

圖 121　我歇步披身，對方被鎖前傾

圖 122　披身踢腳

第二動　兩拳交叉

【原文】

身體與兩臂轉向正南，鬆腰蹲身，左腿自然虛鬆，左足尖著地；同時左拳向右移，左腕貼於右腕外側成爲交叉，拳心均向裏；重心仍在右足，意在左拳。

【半瓶齋注】

原文意在左拳恐係筆誤，右拳爲陽，意在右拳上旋，沉肩墜肘，左拳從動下旋，反其腕關節，對方滾翻在地。

第三、四動爲右蹬腳前文已述，從略。

第二十三式　回身蹬腳（四動）

第一動　左腳右轉

【原文】

左足踝部鬆力，視線轉於右手拇指，左足尖走外弧

形，向右足跟下落在右足外側，同時鬆右足跟；身隨右臂向右後方轉（向西北），重心仍在右足，意在右掌掌心。接前式，我以左足蹬對方，對方避開後復以右足踢我實腿（右腿）時，我則將左足隨身軀向右旋落於右足尖的前面，以足跟著地，足尖揚起，這時上身向右轉 90°為止。

【半瓶齋注】

此動轉身躲閃來勢，要領是在旋轉身軀時要保護中定，所謂：「上下一條線，全憑左右轉。」一條線就是百會、會陰、實腿照海保護垂直一線，狀似陀螺之豎軸，旋轉時右掌下垂撫右環跳，左掌走上弧線向西北似要搆東西，右足跟微懸，右足掌為軸，旋向西北，左足落於右足尖之左前（西北）。（圖 123）

第二動　兩拳交叉

【原文】

左足漸漸落實，身向右轉（正北），蹲身提右膝，右足尖虛沾地；同時兩掌變拳，腕部交叉，右拳在外，左拳在內，拳心均向裏；重心在左足，眼看右前方（東北隅），意在右拳。

【半瓶齋注】

轉體 180°，落步下蹲，一是躲閃來勢，二是穩定自身平衡，三是待發之勢。原文寫重心在左腳（陽）意在右拳（陰），違背陰陽理法，恐係筆誤。（圖 124）

圖 123　左腳右轉

圖 124　兩拳交叉

第三動「兩拳高舉」
第四動「兩拳平分」

此兩動為右蹬，前文已述，從略。（圖 125）

圖 125　兩拳高舉

第二十四式　撲面掌（四動）

第一動　左掌下按

【原文】

左膝鬆力，鬆腰蹲身，右足落地（足跟）成左坐步式；左掌隨右足之下落而下按，摟右膝同時，右掌心向上撤回靠近右肋；重心在左足，視線隨右掌食指，意在左掌心。如對方以左手擊我前胸，我則以左手沾其前臂向下滾壓沉採，使對方前傾失中。

【半瓶齋注】

對方以右手擊我前胸（原文「左手」係筆誤），或抓我左肩或衣領，我則以左前臂橫向滾壓沉採其上臂，掌心向外，以食指為軸，四指為輪，旋採到我左掌掌心旋向內。其動作我老師曾講過：像過去剃頭師傅，剃頭刮臉前，在皮條上杠剃頭刀的動作一樣。滾壓到其右肘關節（變力點），同時意念想沉採其左膝關節之委中穴，對方必前傾失中，其頭部自動送貨上門到我跟前。（圖126～圖128）

圖 126　撲面掌

圖 127　對方抓我左肩

圖 128　我左掌滾採

第二動　右掌前按

【原文】

抬頭，視線平遠看；右足逐漸落平，弓右膝成右弓步式；右掌以無名指引導向前按出，掌心向外，拇指遙對鼻尖，左掌在右肋旁；重心在右足，意在右掌心。

【半瓶齋注】

我右掌掌心原向內，從任脈上升到掌心對鼻尖翻掌，掌心向外，撲其面部，中指撫其前頂（囟門），想其啞門，其必發暈，我隨即坐腕，擊其山根（兩眼中間），想

圖 129　　　我用右掌撲面

其命門，擊其七竅出血。此式過於狠毒，有傷武德，可用右掌緊撫其呼吸器（口鼻），對方已處於敗勢。（圖129）

第三動「右掌下按」
第四動「左掌前按」

對方以左手擊我前胸，我則以此兩動應之。內涵要領相同，只是左右之別，故從略。

第二十五式　十字腿（單擺蓮）（四動）

第一動　左掌右将

【原文】

右掌不動，左掌以食指引導向右轉，視線隨之；此時左足尖向右轉（腳尖向正南），重心仍在左足；視線注於

左掌食指尖，意在左掌掌心。如對方以右手從身後抓我右肩頭時，我則以左掌心沾其右腕，扣著不要離開。

【半瓶齋注】

先以「雙龍盤玉柱」的要領，即左掌拇指棨天，小指棨地，食指、中指、無名指併攏，外勞宮找右耳門，身軀自動右轉，馬上左掌扣著對方右手，對方重心已失，右腕被我拿著。

第二動　左掌繼捋

【原文】

右掌不動，左掌繼續向右轉180°到右耳外側為止，掌心仍向外；同時身隨掌轉（面向正西），右足跟虛起，重心仍在左足，意在左掌掌心。（圖130）

圖130　雙龍盤玉柱轉體

【半瓶齋注】

彼欲掙脫右手，我則左掌盤體上旋，右掌盤體下旋，彼更處於被動。

第三動　右足上提

【原文】

右足以小趾引導向左前方往上虛提；同時左掌以食指引導向右舒直（與肩平），掌心向下，重心不變。將對方右腕拿著以後，同時抬起右足向左伸平為度，準備擺踢之勢。

【半瓶齋注】

欲提右腳，先想左肘尖（少海）向南平紮（與肩平為度），右足自動提起，這叫上下相隨，下隨上，上肢為主動，下肢為從動。（圖 131）

圖 131　右足上提

第四動　右足右擺

【原文】

　　右足向右上方擺動，以擺到足尖遙與鼻尖相對為止；同時左掌向左平捋到正前才與右足相遇時，以指尖輕掠足尖後，右足向右前方下落，足跟著地成左坐步式；而左掌則向左後上提到左耳外側，左腕鬆力，左掌指尖虛向前，右掌不動。我用右足拍擊其腰，同時以左掌反擊其下頦或翳風穴。

【半瓶齋注】

　　欲擺右足，意念在左掌高與右眼外眼角處向前（正西）平推，右足自動擺起，高可到對方腰際（命門），低可到對方右膝關節（委中）處進行拍擊，同時左掌擊其面部，上下相隨，一動無不動，對方仰翻於地。（圖132）

圖 132　單擺蓮用法

第二十六式　摟膝指襠捶（四動）

第一動「右掌下按」
第二動「左掌前按」

此兩動為一過渡式（摟膝拗步），從略。

第三動　左掌下按

【原文】

左掌以食指引導向前下按到右膝前爲止，同時右腕鬆力，向上提至右耳邊；重心仍在右腳，視線在左掌食指尖，意在左掌掌心。對方以左掌向我面部並以右足向我下腹部同時進攻，我則以右手沾其左手腕部上提，同時以左手按其右膝，使對方進招失去重心。

【半瓶齋注】

此時我重心在右腿為陰，原文意在左掌，恐係筆誤。應是意在右掌，合谷找右耳門，沾其左掌向右後上方甩擊，腰右旋，頭隨右擺，視線到右後上方樹梢處，手追眼神，使對方上下進招均告失效。（圖 133、圖 134）

第四動　右拳指襠

【原文】

左膝鬆力，左足向左前方邁進一步，足跟著地，逐漸落平，弓左膝成左弓步式；左掌摟膝後，右掌變拳，從右肋隨左膝之前弓向前下方伸到左膝爲止，拳眼朝上，左掌虛貼右前臂；視線注於右拳食指中節，意在左掌心。如對

圖 133　摟膝拗步

圖 134　右掌後擺

方以右掌向我胸前打來，我則以左手沾住其右肘部，同時
將右掌向右後上方一擺，然後返回右肋間握成拳，繼之以
右拳向對方下腹部進擊。

【半瓶齋注】

　　右拳從肋下出擊時為右坐步（右腳為陰），則右拳為
陽，意在右拳面，是對的，但拳擊出時變為左弓步（左足
為陰），右拳亦變為陰，這時左掌變為陽，則意放在左
掌，左掌貼在右拳腕部，回拉到曲池，是主動，右拳前擊
是從動，才能避免雙重之病，發揮太極內勁。擊到對方腹

圖 135　指襠捶　　　　圖 136　擊對方腹部，意在尾閭

部時，意想對方尾閭，產生穿透力，對方即被擊翻。（圖 135、圖 136）

第二十七式　正單鞭（六動）

第一動　翻拳上步

【原文】

右拳向左前方翻轉向上伸出，拳心向上；鬆肘立腰，鬆右膝，右足向前伸出成左坐步式，重心在左足。如對方抓著我右手腕，我即拳心翻轉向上，同時進右步以足跟著地，注意左掌中、食指始終扶在右脈門。

【半瓶齋注】

右足前伸，要想左肩背後斜下催右胯，左肩為主動，右腿為從動，這叫上下相隨，下隨上，才能保持自身平衡。對方抓住我右腕，此時我為左坐步，左足為陰，右手

亦為陰，不能翻轉拳心，一是翻不過去，二是犯雙重之病。此時我只用左掌手指按著對方四指，意念是透過對方手指，扶在我右脈門上，不使脫離，成待發之勢。（圖137、圖138）

圖 137　翻拳上步

圖 138　翻拳上步用法

第二動　右掌前掤

【原文】

右足落平，弓右膝成右弓步式；同時右拳變爲掌，向右前方掤出，掌心向上；重心在右足，視線隨右掌食指尖，意在右掌，對方即被掤出很遠。

【半瓶齋注】

前掤開始時是左坐步，則右拳爲陰，左掌爲陽，意要放在左掌催右拳前掤。翻拳變掌同時，左坐步成右弓步，按拇指、食指、中指、無名指、小指順序，意想指甲依次貼地。其實到中指指甲蓋貼地時，雙方已被掤出。

第三動「右掌後掤」

此動與「攬雀尾」一式中的第七動相同，前文已述，故從略。

第四動「右掌前按」

此動與「攬雀尾」一式中的第八動相同，前文已述，故從略。

第五動　右掌變鈎

【原文】

右腕鬆力，右掌五指指尖聚攏成勾，右腕向上凸起，勾尖向下鬆垂；視線放在右腕；左足向左方（正東）舒伸，足尖虛著地，重心仍在右足。如對方以右掌向我面部打來，我則以右掌叼其右腕，同時向右略微一側身，進左

圖 139　右掌變

步鎖其右腿爲度。

【半瓶齋注】

右腕鬆力，指尖引導探向正西，左腿自動向正東舒伸，足尖虛著地，五指按小指、無名指、中指、食指、拇指順序依次鬆垂，意念接地，右手小指接地，左足大趾落實；右手無名指接地，左足二趾落地；中指接地，左足中趾落實（交互神經），五指鬆垂聚攏成鈎。

注意：此時拇指與食指肚不可貼著，否則內勁全失，兩指肚須有一二分距離，有氣感產生內勁，此時左掌仍貼於右腕處。（圖 139）

第六動　左掌平捋

【原文】

左掌以食指引導，由右腕下逐漸向左（走外弧線）移動，掌心與眼平行，眼看左掌食指尖；左掌移至兩足正中

時，左足跟向右收落平，腰部鬆垂，重心在兩足；左掌以小指引導，掌心漸向外翻轉至左足尖前上方，掌心向外，指尖向上，視線在左掌食指尖，意在左掌掌心。接上動，我右手叼其右腕，進左腿鎖著其右腿，同時左肩放鬆，左肘下沉，左掌向對方面部或肋下按出，並屈膝略蹲成馬步，將對方發出。

【半瓶齋注】

平捋一詞似不貼切，左掌像鞭梢一樣走外上弧線，向左甩出，此時，無肩，無時，無腕，只有左掌掌心含一氣球在向左飄移，同時坐腰（腰似鞭杆向下鬆垂），左掌翻向外觸到對方瞬間，意念轉移到右腕陽池穴向右上方突出，則左掌自動產生內勁，左掌無意，右腕有意，這就是有意無意之間，產生真意。當右腕有敵情時，左掌中指（中衝）與拇指（少商）圈成一圈，似接未接，則右腕產生內勁。（圖140、圖141）

圖 140　右鉤擊意在左指

圖 141　左掌擊意在右腕

第二十八式　雲手（六動）

第一動　左掌下将

【原文】

左掌以食指引導，自左向右下方移動，掌心向右，經左膝走下弧形而到右膝，重心漸漸移於右足；右鈎變掌，以食指引導向右方伸出，掌心向下，重心集於右足；視線注於右掌食指尖，意在右掌掌心。如對方以左掌打我嘴巴，我則以右掌沾其左腕，並以左掌向自己的右足跟的右後方往下一将，對方已失去平衡，站立不穩。

【半瓶齋注】

接觸點是我的右手沾著對方左手腕，我在意念上要把我的右手及對方的左手忘掉（避免雙重之病），意念卻放在我的左手去摸自己左膝，左膝躲，再摸右膝，右膝定，

腰部右轉（西北），帶動雙臂，對方已失重，這叫空手打
人。（圖 142～圖 144）

圖 142　右掌平按

圖 143　三田合一

圖 144　右掌摸膝

第二動　左掌平按

【原文】

左掌以食指引導，先向右上方移到右臂彎處，再向右前方移動，掌心向內，左掌繼續走上弧形往左移動，身隨掌起；左掌移至正前方時，左足落平，重心平均於兩足，左掌小指外轉，掌心漸向外；到左前方時，重心移於左足，左掌轉到正東時，掌心向下平按，與肩平為度；同時右掌走下弧形，經右膝到左膝為止，重心集於左足，視線注於左掌食指，意在左掌掌心。

接上動，當對方身體已失去重心不穩之際，左掌返回向上，向左沿其臂內側反擊其面，或用左臂沿其左臂外側，左掌隨進隨轉，以掌拍其右肩，對方應手倒地。

【半瓶齋注】

王培生老師晚年對此式有所補充如下：左掌向右前抬起，意想虎口托天，掌心與眼平，眼神注於食指尖。意念在右掌想摸右膝，右膝躲，想摸左膝，左膝不躲。左掌移到正前方，重心在兩足，尾閭與鼻尖對正，寓「中極之玄」，變陰陽之意，上丹田（眉間）、中丹田（肚臍）、下丹田（會陰）成直線，即「三田合一」的剎那間，有舒暢感就是。左掌繼續移到左前方，右臂上抬，意想右掌心托左肘尖，左肘尖滑過，舒臂，腕內旋，變陽掌平按，掌與眼平，重心移於左腿。

我個人有所補充，眼神注於左掌食指尖，會有頭暈眩之感，應通過食指尖三點成一線，觀驚、死、景、杜、傷五門，如有樹木障目，則觀樹梢，左揮右灑有瀟灑騰躍之

感。兩臂動源在腰，神（視線）在上，意在下。（圖145～圖153）

圖 145　左掌平按

圖 146　雲手跟步

圖 147　併步三田合一

圖 148　對方擊我上部

圖 149　我用雲手左手採右手掤之

圖 150　轉腰將對手甩出

圖 151　對方摟我脖頸

圖 152　我用下頜鎖壓其腕，
　　　　走雲手將其擊出

圖 153　走雲手時，神在上，意在下

第三動　右掌平按

圖 154、圖 155。

圖 154　右掌平按

圖 155　按掌開步

第四動　左掌平按

與第二動相同，只是左右之分，從略。

第五動　按掌變鈎

第六動　左掌平按

即由雲手轉單鞭式，內容與單鞭同，從略。

第二十九式　下式（二動）

第一動　右掌前掤

【原文】

右鈎變掌，掌心向下，以食指引導走下弧形，視線轉向右手食指，經右膝、左膝，再上行到腕與肩平；同時左掌隨右掌之移動，面向左前伸出，以兩掌相齊為度，兩掌心相對，指尖均向前，兩掌距離與肩等寬；重心隨右掌之左移而移於左足，眼向左前（正東）平遠看，意在右掌掌心。如對方用雙掌向我前胸撲來，我即將右臂向對方右臂外側的下邊伸出，互相粘住，同時右腿向後撤退一步，對方已失去平衡。

【半瓶齋注】

在前式中本為馬步，對方雙掌擊來，我由馬步變右側弓步，或撤右步，對方撲空。我隨即右掌走下弧線，意在右掌心，掌心似有物飄浮到左，變左側弓步，陰陽亦變，左掌為陽，右掌為陰。我意念由右掌變到左掌，對方左右不能兼顧，從而處於敗勢。（圖156）

圖 156　右掌前掤

第二動　兩掌回捋

【原文】

兩腕鬆力，虛向上提，掌心空；同時向上長身，兩足
平均站立，右臂與肘虛領，將身領正後再往右下方移，以
右掌到膝前為度，左掌則以左腕引導向下移到左膝為度，
兩掌掌心均向下；當兩掌回捋下按時向下蹲身，重心移在
右足，左腿舒直成左仆步式（兩足尖均向南）；上身正
直，眼向左前平遠看，意在右掌掌心。在我右掌粘著對方
右臂時，腕部向後、向下沉採，對方應手向前撲跌。

【半瓶齋注】

接前動。重心在左足（為陰）。當我右掌沾著對方或
對方抓住我雙腕時，我兩腕鬆垂，這時左手為陽，意在左
肘（少海），向後邊移邊轉腰，轉向正南後，重心移到右
腿時，右腿為實為陰，「陰陽腳下變」，我意念隨之由左

肘轉換到右肘，使對方左右不能兼顧時，我右肘尖已沉採到我身軀右後（西北隅），隨即雙掌像老鷹一樣，空中盤旋，身軀轉向左（東南隅），同時下蹲，重心在右腿，左腿舒直，右肘（少海）後紮，左臂掩肘（肘尖少海）旋找膻中。左掌心朝右，右掌心朝左，對方已應手向前撲跌。（圖 157～圖 163）

圖 157　兩掌回捋

圖 158　空中盤旋似老鷹捕兔

圖 159　下式

圖 160　對方拽我雙手

圖 161　重心在左足，意在左手

圖 162　重心移到右足，意移右手

圖 163　右掌沉採，對方即向前撲跌

第三十式　上步七星（二動）

第一動　右掌前掤

【原文】

左掌指尖向前伸，左足尖轉向正東，右掌以食指引導向前伸到左肘下，掌心向上；弓左膝，重心移到左足，開右足跟成左弓步式；視線注於右食指尖，意在左掌掌心。在對方失重前傾之際，我即用右掌向對方下腹部襲擊。

【半瓶齋注】

此動是以右掌掖掌襲擊對方大腿內側（血海）。前動是左掌在前、右掌在後，右掌中衝找左掌大陵，左足尖轉向正東，重心前移，弓左膝，右足橫跨一步成左弓步（隅步）。同時左掌走肺經（少商），錯掌時，貼錯右掌小腸經（少澤），意在左掌後錯到右臂肘尖（少海），右掌從

動（無意），前掤坐腕襲擊對方血海，對方仰翻於地。外形是右掌接觸對方，力源由左掌回錯和右腳橫跨所致。（圖 164、圖 165）

圖 164　上步七星之掖掌

圖 165　掖對手血海穴

第二動　兩掌上掤

【原文】

右掌以食指引導，沿左臂下往前舒長，兩掌交叉，右掌在外，掌心向左，左掌在內，掌心向右；直腰鬆右膝，出右足成左坐步式；視線先隨右掌食指，兩掌交叉後，由兩掌中間向正前方平遠看，意在左掌掌心。兩掌架住對方右臂，同時以右足貼住對方前腿外側，足蹬對方後腿脛骨。

【半瓶齋注】

對方以右掌擊我面部，我先以左掌食指尖引導左掌向右前上方掤起，沾著對方腕部，隨用左鼻孔吸氣，同時把右掌和右足吸上來，兩掌交叉，右足蹬向對方脛骨。此動俗稱「雞蹬步」。（圖166、圖167）

圖166　上步七星

圖 167　雞蹬步

第三十一式　退步跨虎（二動）

第一動　兩掌前掤

【原文】

兩腕鬆力，兩掌分開向前舒長，掌心均向下；右足往後撤到極度，與左足前後成一直線，足尖著地，重心仍在左足；視線由兩掌之間平遠看，意在左掌掌心。如對方用拳打我面部，同時足踢我前腿時，我則左右兩掌向前掤起，對準對方的來手，然後以鉤摟手勾著對方踢來之腳腕，成待發之勢。

【半瓶齋注】

對方上下齊進，我則後撤右足到極度，避開對方踢來之足，同時探身出兩掌，像白蛇吐信一樣插向對方雙目，不管對方來手，你打你的，我打我的（其實雙掌是虛

圖 168　兩掌前掤

招），對方必慌，仰頭雙目後躲，手足均失去來勢，我則乘勢勾住對方腳腕。（圖 168）

第二動　兩掌回捋

【原文】

兩掌向左下回捋到左膝，右足跟向左（正北）落平，右腕上提到右耳側後向前掤出（正南）掌心向左，拇指向上，同時，左掌變鈎向左後撤，鈎尖向上，左足收回到右足旁，足尖虛點地面，重心在右足；眼向左前方（東南）平遠看，意在右掌掌心。

接上動，在我以鈎摟手勾住對方踢來之足腕之後，並以另一手掛住對方擊來之手，左右兩臂腕部朝前後方向分開，同時我急轉身將左腿向右撤回靠近右腿，閃開我的正中部分，使對方招法落空並應手後跌。

【半瓶齋注】

當我左手勾住對方足腕時，不要用左手和對方較勁，意在右掌（陽掌）帶動身軀，揮向正南，拇指紮天，小指紮地，中間三指插向正南，擺頭眼觀正東（或東南），這時，上下、左右、前後三個象限（三維）都被我佔據了，對方如雙手掰我右掌，會產生極大內勁（太極勁）而紋絲不動。（圖 169～圖 171）

圖 169　退步跨虎

圖 170　後勾前掌

圖 171　右掌平捋，對方必傾跌

第三十二式　回身撲面掌（二動）

第一動　右掌回捋

【原文】

右掌以食指引導向右指（正西），掌心向下，身隨掌轉，重心仍在右足；視線隨右掌食指尖，意在右掌掌心。如對方用右拳從我身之右側打來，我即向右轉身，同時右掌以指尖向對方眼睛虛擊，對方受到突然襲擊，其進攻動作遲鈍，處於發呆狀態。

【半瓶齋注】

我擺頭，視線從東南轉向正西（從杜門經景門、死門到驚門，楊禹延師爺稱此為「八方線」），右手追神揮向正西，我用眼神奪其雙目，右掌指尖追眼神，虛擊其雙目，意在右掌指尖。（圖172）

圖 172　回身撲面掌

第二動　左掌前按

【原文】

　　左鈎手漸變爲掌，掌心翻轉朝上，鬆左臂，以食指引導，從左肋前向右上方斜伸到右臂彎，右掌掌心同時翻轉向上，左掌繼續向前（正西）伸長；伸到與右掌相齊時，左足向右足前邁出；足落平後，左掌向前（正西）按出，掌心向外，指尖向上；同時弓左膝，右足跟外開成左弓步式；右掌回收到左肋前，掌心向上；重心在左足，意在左掌掌心。接前動，用右掌向對方眼前虛晃一招，立即回收掌心翻轉向上，以手背沉採其右臂，復以左掌從胸口向前發出（要含有撲蓋之意）擊其面部，同時進左步鎖著對方之後腿，但要求與發掌之動作協調一致。

【半瓶齋注】

　　接前動。我右臂原伸在前，突然回收向左下，以右掌

指尖（中衝穴）找左腹下（氣衝穴），即將對方右拳沉採下來，對方已前傾，將面部送貨上門到我跟前。當我右掌回收向下時，由於「上下相隨」，我左足自動向前提膝邁出（下隨上），同時，左掌向對方面部撲擊出去。左掌前按時，意想左肩鬆，右胯崩（崩伸），左肘鬆，右膝崩，左腕鬆，右踝崩，這是左前、右後一個對拉拔長。

　　我還記得二十多年前王培生老師講課時說：「前掌『鬆鬆鬆』，後腳『崩崩崩』，對方即『蹬蹬蹬』倒退仰翻出去。」今天還言猶在耳，歷歷在目。（圖 173～圖 176）

圖 173　上肢鬆，下肢蹬

圖 174　對方來手，我右掌沉採

圖 175　提膝撲面

圖 176　先採後捋，對方必仰翻

第三十三式 轉腳擺蓮（四動）

第一動 左掌右捋

【原文】

右掌不動，左掌以食指引導向右轉，視線隨之，左足尖向左轉（正北），重心仍在左足。如對方以右手從我身後抓住我右肩，我則向右轉身，並以左掌沾其右手腕。

【半瓶齋注】

對方從身後抓我右肩，我左掌小指絜天，拇指絜地，中間三指併攏，引導左掌外勞宮找右耳門，身隨掌轉。這個動作就是「雙龍盤玉柱」。同時沾住對方右手。（圖177）

圖 177 左掌右捋

第二動　右掌回挒

【原文】

右掌以食指引導，從左臂下走外弧形向右轉掌心向前（正東），左掌隨動到右臂彎止，掌心向右（正西）；同時右足跟虛起，足尖著地，重心在左足；視線先隨右掌食指，身轉正（正東）後，向正前方平遠看，意在左掌。接上動，我將對方右手腕扣著，復以右臂從對方右臂下邊向上穿出，再向右方滾轉下壓。

【半瓶齋注】

接上動。我用「雙龍盤玉柱」一式，身隨掌走，轉向正東，同時扣住對方右腕（不想對方右腕的存在，只想我左掌內勞宮合右肩井穴，對方右手就掙脫不了）。同時坐身穿右掌向上，這叫「抽身長手」（掌心向後），再向右（偏後）滾轉下壓（掌心轉向前），這叫「落鍘刀」，對方腕、肘關節均被拿著，處於敗勢。（圖 178～圖 181）

第三動　右腳上提

【原文】

右足以大趾引導，向左前方往上虛提，同時，左掌以食指引導向右舒直（與肩平），掌心向下；重心不變，意在左掌掌心。

【半瓶齋注】

右足向左前方上提，不要想右足，想左掌以小指引導向右舒直，右足自起，左掌小指主動，右足大趾從動，上下相隨，下隨上。右足大趾和左掌小指是交互神經的對應

圖 178　抽身長手

圖 179　左掌右将

圖 180　右掌回将

圖 181　左右将合成為「落鍘刀」

圖 182　右腳上提

點。（圖 182）

第四動　右足右擺

【原文】

右足向上方擺動，以擺動到足尖遙與鼻尖相對爲止，同時左右兩掌向左轉到正前方時與左足相對，以指尖輕掠足尖後，右足向右前方下落成左坐步式（隅步）；兩掌向左後方（西北）舒伸，左掌在前，右掌在後，掌心均斜向下；重心仍在左足；視線在掌與足相掠後隨左掌食指尖，意在左掌掌心。

【半瓶齋注】

右足上擺同時雙掌輕掠右足，但左掌爲陽（體重在左足），右掌爲陰，意在左掌從右環跳經右陽陵，右申脈到右足面，右掌爲從動，盤架時要默念手比足長。

技擊作用：右足擺踢對方之腰際，同時兩掌擊其面

部，彼即仰翻，或用右足擺踢其委中（膝關節後），或用我右腿足三里碰擊其右環跳，同時雙掌虛張聲勢撲擊其面部，彼即仰翻。（圖 183～圖 185）

圖 183　雙擺蓮

圖 184　擺蓮腳擊法

圖 185　擺蓮後探掌落步

第三十四式　彎弓射虎（四動）

第一動　兩掌回捋

【原文】

兩掌向右前方往下捋到左膝前時，右足落平；到右足前時，兩掌變拳，兩肘鬆力，兩拳上提到右耳外側，右拳在上，拳眼朝下，左拳在下，拳眼向上，兩拳上下距離約一肩寬；弓右膝成右弓步式，重心集於右足；視線先左拳食指，到正前方時，隨右拳食指，意在右拳。如對方以左拳擊我胸部，我則微向左轉身，並以雙手順其來勢往外往上略微一帶，這時對方身體重心失去平衡。

【半瓶齋注】

此動為先捋後沉採對方。先左上，隨即右下沉採對方。我身軀轉向正南，右掌在右環跳，左掌在右陽陵，雙掌並未變拳。老師生前授課時即如是說。視神從正前轉向右後下方，雙掌追眼神，但永追不上。（圖186）

第二動　兩拳俱發

【原文】

右拳從右耳上向左前方（東北）發出，左拳在下隨之，亦向左前方發出，兩拳拳

圖 186　兩掌回捋

眼相對，左肘對右膝；重心仍在右足，視線循右拳食指根節向左前方遠看。接上動，在我隨其來勢以雙手往外一帶之後，隨即兩手握拳提至右耳旁，復向左前方，橫擊敵之左肋下神經，這時敵應手而被發出很遠。

【半瓶齋注】

接上動。我兩掌四指在外、拇指在內（掌心向內）沉肩，墜肘、垂腕，像撈稻草一樣上提（突出陽池穴），稻草有向下滴水之態，提到右耳旁，隨雙掌上翻（掌心向外）變拳，右肩與左胯合，右肘與左膝合，右拳與左足合，拳眼朝下。與此同時，我左肘找右膝，上下垂直一線，拳眼朝上，與右拳拳眼上下相對，視線循右拳向左前方遠看。技擊上，我右臂格架其左臂，同時右拳擊其左耳門穴，我左臂托其右肘，左拳擊其左肋下之章門或期門穴。（圖187）

圖 187　兩拳俱發

第三動　兩掌回捋

【原文】

兩拳漸變爲掌，向右後方（西南）往上移動；兩掌伸到極度時，鬆左膝，左足向左前方邁出，足跟著地，兩掌向左前下方捋按，到右膝前，左足落平，到左膝前，兩掌變拳，向上提到左耳外側，拳眼相對，弓左腿成左弓步式（隅步）。

【半瓶齋注】

拳變掌時，要按拇指、食指、中指、無名指、小指順序依次張開，掌變拳時，要按小指、無名指、中指、食指、拇指順序依次握拳，不要五指同時張開、同時握拳，這裏邊有手三陰、手三陽經絡的內涵。（圖 188～圖 191）

第三動與一動相同，第四動與二動相同，不再重述。

圖 188　兩掌回捋

圖 189　兩掌變拳

圖 190　兩拳俱發

圖 191　彎弓射虎擊法

第三十五式　卸步搬攔捶（四動）

第一動　兩掌右搬

【原文】

左拳屈肘外旋至左肋前，拳心翻轉朝上，右拳屈肘內旋至左胸前，拳心向下，與左拳上下相對（間距約一拳），之後均變掌，一同向右前方伸出（即搬），右手以臂舒直，掌心向下，左掌掌心向上（位於右掌腕後肘前）；同時，鬆右膝，往後坐身，重心集於右足，收左足，向左後方撤一大步，虛著地面，意在右掌掌心。

【半瓶齋注】

接前式。對方雙手抓著我左腕，這時我左肘在左肩之前上方，所以先要左肘（少海）與右膝（陰陵泉）合，是一下弧線，再想左肩（肩井）與右胯（環跳）合，又一下弧線。同時左拳合谷翻轉朝上（上弧線），與敵接觸點（左腕）運動軌跡由三條弧線組成，敵已被動搜跟。

我再想右肩與左胯合，右肘與左膝合，轉腰面向左前，敵已失重前傾。此時我右拳在上，左拳在下，錯拳瞬間變掌，意想右掌要摸自己左足，左足不讓摸，向後撤一大步，身軀自然前傾，右掌摸空，自動揮向右前方，正擊在對方翳風穴，使對方瞬間休克。這是有意摸足（摸不著），無意擊人（擊正著），有意無意之間方為真意。（圖 192～圖 194）

圖 192 兩掌右搬

圖 193 對方抓我左拳

圖 194 我錯拳變掌擊之

第二動　兩掌左搬

【原文】

　　右掌屈肘外旋撒至右肋前，掌心翻轉向上，左掌同時內旋，兩掌心向下相對（中間約 10 公分）之後，一同向左前方伸出，左掌以臂舒直，掌心向下，右掌掌心向上（位於左掌後肘前）；同時鬆左膝，往後坐身，重心集於左腿，收右足，向右後方撒一大步，虛著地面；意在左掌掌心。

【半瓶齋注】

　　與第一動內涵動作一樣，只是左右之分。前一動由拳變掌，這一動出手就是掌。對方雙手抓著我右腕，我在旋腕同時右肘找左膝，右肩找左胯，面向東南（右前）轉向左前（東北），同時坐步，對方已被搜跟。我左肩找右胯，左肘找右膝，身軀由左前轉向右前，對方已前傾。我摸右足，右足撒，左掌摸空，揮向對方左翳風，想右翳風，有穿透力。（圖 195、圖 196）

第三動　左掌回攔

【原文】

　　鬆腰，重心漸移右腿；左掌仍以食指引導走外弧形，向左後将，右掌在下隨之；重心完全移到右足成右坐步；左掌向正前方上伸，食指遙對鼻尖，掌心向右，右掌變為拳，往右後下方撒到胯上為度，意在右拳拳心，如對方以右拳擊我前胸，我即向後撒步退身，並以左掌攔阻其右臂使其不得前進，這時右手握拳置於肋旁，準備待發之勢。

圖 195　兩掌左搬

圖 196　錯掌擊之

【半瓶齋注】

對方抓住我右腕，我右掌變拳，由東北（生門）拉向身後西南（死門），這叫「生拉死拽」。實際是左掌（陽掌）走外下弧線，到左胯想從後摸右足（後三合），對方即已失重。對方復以右拳擊我，我坐步左掌豎於胸前，格其前臂，此時為右坐步，意在右手肘尖（少海）紮地，此名叫「千斤墜」，對方就被我左掌攔住。

此動左弓步時，右掌被對方抓住，我左掌「後三合」，變右坐步時，我左前臂立掌接敵，右肘紮地「千斤墜」，都是空手打人。這才符合太極的陰陽哲理，即陰陽腳下分之原則，與上肢的交互神經的平衡作用，由不自動昇華到自覺，長時間的意念鍛鍊，再由自覺昇華到「太極無法，動即是法」的最高境界。（圖 197、圖 198）

圖 197　左掌回攔

圖 198　左掌攔之意在右肘千斤墜

第四動　右拳前伸

【原文】

右拳漸向正前方伸出，伸到左掌掌心右側，左足落平成左弓步式時，右拳繼續前伸，伸到以右臂舒直爲度，右拳食指遙對鼻尖。接上動，當我用左掌阻住對方右臂後，

隨之將右拳（捶）從對方右臂下邊向前進擊敵胸或右腋下之神經。

【半瓶齋注】

右坐步時，右拳為陽，意在右拳，右拳前伸找左掌掌心，找到左掌心時，已成左弓步式，右拳已由陽變陰，左掌已由陰變陽，意念要由右拳轉移到左掌，意想左掌後拉到右臂曲池穴，為主動，則右拳被動繼續前伸，產生大的衝擊力（太極勁）。這也是空手打人。（圖199、圖200）

圖 199　搬攔捶定式

圖 200　搬攔捶擊法，意在左拳

第三十六式　如封似閉（二動）

第一動　兩掌回捋

【原文】

左掌移至右肘後外側（掌心向外），重心漸移於右腿，右拳隨之後撤到與左掌相齊時，拳舒爲掌，兩掌左右分開，寬與肩齊，掌心向後，十指向上，兩肩鬆力，兩肘下垂，腕與肩齊；鬆腰，坐身成右坐步式；視線向正前方平遠看，意在兩掌掌心。對方抓住我右腕，我則以左手環轉之力，用肘的中部畫撥開對方之手後，以便撤出右手，往左右分開，這時已將對方提起。

【半瓶齋注】

丟開接觸點（被抓之右腕），只想左手摸右肩，右肩向左旋躱，左掌自然把對方右手格開。這時我是右坐步，右腳爲陰，和對方接觸點之左前臂亦爲陰，我只想右掌（陽）沾提對方的左腳內踝（照海），對方即被我提起。（圖 201～圖 203）

圖 201　托肩格截

圖 202　關門兩扇

圖 203　兩掌回捋

第二動　兩掌前按

【原文】

　　兩掌以小指引導，掌心漸向外轉，漸而向正前方按出；同時重心漸移左足落成左弓步式，兩掌向前按至極度，掌心向外，臂微彎曲；重心集於左足，視線由兩掌中間向正前方平遠看，意在兩掌掌心。接上動，我格開對方右掌後，隨即推擊而放之。

【半瓶齋注】

　　接上動。我將對方沾起後，兩掌掌心向後（陰），以小指為軸、四指為輪，兩掌內旋使掌心向外（變陽掌）旋掌腕時，要想後谿穴旋轉（後谿為督脈之根），同時墜肘，則接觸點呈下螺旋線，兩掌同時前按，但意在右掌，想小指、無名指、中指、食指、拇指順序依次推球。右坐步變左弓步時，右掌由陽變陰（有意變無意），左掌由陰

圖 204　兩掌前按

圖 205　陰陽腳下分，按而放之

變陽（無意變有意），左掌順序是由拇指、食指、中指、無名指到小指。陰陽變化使對方無法適應，則被我按出。（圖 204、圖 205）

第三十七式　抱虎歸山（十字手收式）（六動）

第一動　雙掌前伸

【原文】

　　兩腕鬆力，十指指尖向前舒伸，兩掌掌心向下按；以重心完全集於左足爲度，視線平遠看，意在兩掌心。如對

圖 206　雙掌前伸

方雙掌向我推來，我則以兩掌由其前進當中向左右分開，前進推其肩或下沉按其胸，對方應手倒退出很遠。

【半瓶齋注】

對方雙掌推我雙肩或前胸，我把對方的雙掌與我的接觸點丟開，把點錯到我十指尖上，我雙掌從中穿入對方襠中推空氣，後腳蹬，前腳空，對方即被我擊出。（圖206）

第二動　兩掌展開

【原文】

右掌以食指尖引導向右移到正南方時，右足以足尖為軸，足跟虛起向左多，以足尖向南足跟向北為度，右掌再向右移動到正西方，左足跟向左多，亦以直向南北為度；當右掌向右前方移動時，左掌向左展開，兩掌掌心向下，兩臂均與肩平，意在右掌掌心。如對方以左拳向我胸部打

來，我則以左掌沾其手腕略微向左一帶，同時向右轉身，進右步鎖住對方之後腿，再將右掌展開靠近對方之胸腹部，兩掌掌心均向下。

【半瓶齋注】

接前式（為左弓步）。對方攻我右側，我右掌向右展開（由東展向正南），左弓步時我左掌為陽，意在左掌外扒（正北），右掌為從動，同時弓右膝，重心移到右足，視線由正東（傷門）轉到正南（景門），再由正南轉到正西（驚門），右臂緊追眼神視線，亦由正南展開到正西，對方即被我右臂逼成後退或後仰。開始左弓步時，是意打，轉身軀向正南時，是神打（視神），均不用力。（圖207、圖208）

圖 207　兩掌展開

圖 208　對方以雙臂阻我

第三動　兩掌上掤

【原文】

右掌以拇指引導，漸向右上方翻轉，轉至極度時，身隨掌起，左足收到右足旁，虛著地，同時左掌虛隨右掌成同樣動作，兩掌到正前方腕部交叉，右掌在內，掌心向左，左掌在外，掌心向右，十指指尖向上；重心集於右足，視線由交叉兩掌中間向前上方遠看，意在兩掌指尖。接上動，當我將對方兩腿鎖住和兩臂展開貼近其胸腹間之際，隨之將兩手掌掌心翻轉朝天之同時長身併步（左腳向右腳靠近），這時，對方已被我抱起後又摔倒在地。

【半瓶齋注】

當我鎖住對方兩腿時，我已呈馬步，但重心在右足，右手為陽，透過實踐，我只要意想右掌，拇指指肚、二指、中指……依次托天，對方即仰翻在地，無需反抱其軀。（圖209～圖211）

圖209　兩掌展開

圖 210　我以抱虎歸山破之

圖 211　併步兩掌上掤

第四動　兩肘下垂

【原文】

　　兩膝鬆力，漸向下蹲身；兩肩鬆力，兩肘漸向下鬆垂，兩臂左右交叉搭成斜十字橫於胸前，以兩腕高與肩平

圖 212　十字手

爲度，重心在兩足，意在兩掌指尖。如敵將我抱住時，我
即隨其抱勁作升降之動作，並將兩臂作交叉成十字狀，使
兩肘向下沉採，這時對方即應手跌坐在地。

【半瓶齋注】

敵將我抱住，我兩腕交叉，兩食指頂兩球先升後降，
由照海走陰交脈，經陰陵泉、會陰，走督脈、尾閭、命
門、夾脊、大椎、肩井、少海，兩少海（即肘尖）紮地，
肘不離地，叫「千斤墜」，同時像坐電梯一樣，下蹲，對
方則應手下跌。（圖 212）

第五動　兩掌合下

【原文】

兩肘鬆力，向左右平分，兩掌亦隨之漸分漸落，落至
前胸時，使左右兩掌中指尖相接觸，繼之食指尖接觸，最

後拇指尖接觸，兩眼注視食指尖，意在外勞宮。十字手的用法，在太極拳中占重要位置，因它是在「十字和圓轉當中求生活」，所以說太極拳是可以由雙手交叉中變動出來的，十字手不外是一開一合，開有法，合也有法，也就是一顧一進的方法，顧與進要用得合適，不可有快慢，不然就會有措手不及的可能。

【半瓶齋注】

合下前，兩掌交叉十字左右分開，左掌合谷先合右肩井，再合左肩井，同時，右掌合谷先合左肩井，再合右肩井。合到家時擺頭左顧，視線超出對方身後一丈開外，這叫「超其象外，得其寰中」的肘打，對方被擊仰退，處於敗勢。左盤拳時，兩拳三指相接觸，視線看兩掌指尖形成圓圈的中央，會看到一個淡淡的圓球（約高爾夫球大小），把球納入到神闕穴中，意想該球變小到乒乓球大小，又要小到綠豆大小，抬頭平遠視，這叫「三環套月」。（圖213～圖215）

圖213　肘打

圖 214 合太極

圖 215 三環套月

第六動 太極還原

【原文】

兩腕鬆力，兩膝鬆力，身體自然立起。繼之，兩肩鬆力，兩肘鬆力，兩腕鬆力。在做上述動作時，在意識上要形成落肩、落肘、落手的想像，猶如腐朽的牆皮一碰即落，最後要想像手指甲由拇指至小指依次脫落。當對方用雙手將我推得站立不穩或失去重心時，我則意想「命門和丹田」，即可穩如磐石。

圖 216　太極還原

【半瓶齋注】

當對方用雙手推我時，我要「意在手前」，彼將至未至前，我丹田回貼命門，尾閭自然上升到大椎及兩側三點，這叫「尾閭上三山」，彼力到達我接觸點時，我把點徹底忘掉，錯點到食指尖，這時彼發的力回饋到他自身而敗出，這就是「太極者，無極而生」。（圖 216）

附錄一　太極拳站樁

　　蓋房先築地基，建橋更須橋基，否則極易傾塌，這是一般常識。練武練拳亦要築基（即洗髓功），練武不練功，到頭一場空。站樁即是築基，不可忽視。茲將要領敘述如下。

　　口訣：兩耳垂肩鼻對胸，環拱立身直如鬆；
　　　　　　關元內旋踵升降，合眼注視在膻中。

　　一、面南而立：根據天人合一理論（即人與大自然），天地是大宇宙，人是小宇宙。在自然界中，方向南為 ☲，離中虛屬陰；方向北為 ☵，坎中滿屬陽。人體前胸一線有任脈屬陰，背後一線有督脈屬陽。面南而立，任脈對離 ☲ 位，督脈對坎 ☵ 位，同性相斥，人練功時的氣場，不被宇宙場吸走，故而面南而立。

　　二、垂簾：眼七分閉，三分睜，神宜內斂，內視膻中，對外界事物視而不見。

　　三、搭鵲橋：舌抵上齒根，任督二脈中斷於口腔，故搭鵲橋是接通任督二脈。

　　四、涵胸拔背：意想膻中穴拉出胸前一尺，意想夾脊穴貼內衣。

　　五、沉肩墜肘，兩手合抱於胸前：兩掌指尖相距 10 公分，掌心勞宮穴遙對兩乳頭下一寸之乳根穴，用兩臂內側

（陰維脈）將已拉出之膻中穴為中心的圓柱體抱嚴（用意不用力）。兩食指暗指向正南景門。

六、**川字步**：兩足與肩同寬，則兩肩井穴與兩湧泉穴相合；兩足平行，則腰呈圓柱形，兩腎俞相合，不想足踏地，要想地托足，則全身輕靈。

七、**呼吸**：關吸者，壽。關元穴在臍中下三寸，呈一約高爾夫球大小的球形。吸氣，球向後向上旋 180°，小腹呈凹形；呼氣，球向前下旋 180°，小腹呈凸形。吸氣時重心移在足跟，呼氣時重心移在足掌。

八、**摒除雜念**：一念破萬念，意守破雜念。初練時，雜念頻生，須即時克服。這是長時期的鍛鍊過程，雜念由多到少、到無，最終達到虛無。

九、**時間**：45 分鐘。

十、**忌**：

1. 大悲大慟的情況下不練。

2. 生悶氣時不練。

3. 有大出血時不練。

4. 有夫妻房事時不練。

5. 午時不練（11–13 時）。

6. 雷雨交加時不練。

7. 酒後不練。

附錄二　太極拳與易經

太極拳論說：「太極者，無極而生，陰陽之母，動靜之機也。」在太極圖說中解說：太極是研究易學原理的一張重要圖像，它包含了天地萬物的共同規律在內，所以有人說它是宇宙的模式，是科學的燈塔。

《周易繫辭》說：太極生兩儀，兩儀生四象，四象生八卦。而八卦是易經的符號。

太極拳名家王培生老先生概括地說：「太極拳是頭頂太極，懷抱八卦，腳踏五行。」顯而易見，太極拳的理論與易經是分不開的。換言之，易經是太極拳的理論基礎。

現代拳家把太極拳推崇為太極文化來加以研究，而易經則是我國文化之開端，因為上古伏羲氏演八卦（易）。那時還沒有文字，而八卦就是文字的雛形，所以研究太極文化就不能不涉及到易經。

易經是仰視天文、俯查地輿、中通萬物之情，究天人之變，探索宇宙之必變、所變、不變的原理，闡明人生知變、應變、適變之法則，以為人類行為之規範。這一「天人合一」的哲學思想，稱為「天人之學」，它是我國傳統文化的基礎，是一切學術思想的根源，包括太極文化也在其中。

儒家將「易」冠為群經之首，而春秋戰國諸子百家以及唐宋以後的各家學術思想，也無不源於易經的「天人之學」，因此，「易」在中國學術史上的崇高地位不言而

喻。

　　「易」有三種不同系統的易學，即：

　　連山易——夏代易學，從艮卦開始。

　　歸藏——商代易學，從坤卦開始。

　　周易——周代易學，從乾卦開始。

　　夏、商二易早已失傳，今日流行之易學即周易。

　　易經的符號是八卦，稱為卦符。每一卦符又由三個爻組成。陽爻「━」代表陽、剛、男、強、動、奇數等，象徵積極事物；陰爻「╍」代表陰、柔、女、弱、靜、偶數等，象徵消極事物。易由八卦到十翼到太極陰陽五行，源遠流長，經過歷代許多聖賢學者的心血積累而成。漢書說：易道深，人更三聖，世歷三古。這還不包括宋之太極圖的研究。

　　宋代周敦頤在太極圖說中寫到：「無極而太極，太極動而生陽，動極而靜，靜而生陰，靜極復動，一動一靜，互為其根。」這幾句話正是太極拳在行功中的太極內功之狀態。

　　太極拳名家王培生老先生曾說：學習太極拳要明理，明理的明字，橫寫為日、月，日為太陽，月為太陰，明陰陽之理也。豎寫明字為「易」，易即變（運動），即陰陽變化之理。它包括太極拳之虛實、動靜、剛柔、進退、張弛、沾走等形體及太極諸勁。

　　王培生老先生著述中說「頭頂太極」，應當理解為太極拳在行功或推手時，大腦思維時時離不了陰陽哲理，違背陰陽哲理即犯雙重之病。《太極拳論》說：「每見數年純功不能運化者，率皆自為人制，雙重之病未悟耳。欲避

此病，須知陰陽。」所以在太極拳演練中，由體到形，由表及裏，無一違背陰陽之理，否則枉下工夫，難以登堂入室。

「懷抱八卦」即太極八法（八種手法）。所屬經絡臟腑位與八卦的對應關係：

一掤

在八卦中是坎中滿（☵），方位正北，人體對應穴位是會陰穴，此穴屬腎經。

二捋

在八卦中是離中虛（☲），方位正南，人體對應穴位是祖竅穴，此穴屬心經。

三擠

在八卦中是震仰盂（☳），方位正東，人體對應穴位是夾脊穴，此穴屬肝經。

四按

在八卦中是兌上缺（☱），方位正西，人體對應穴位是膻中穴，此穴屬肺經。

五採

在八卦中是乾三連（☰），方位隅西北，人體對應穴位是性宮和肺俞兩穴，此穴屬大腸經。

六挒

在八卦中是坤六斷（☷），方位隅西南，人體對應穴位是丹田，此穴屬脾經。

七肘

在八卦中是艮覆碗（☶），方位隅東北，人體對應穴位是肩井穴，此穴屬胃經。

八靠

在八卦中是巽下斷（☴），方位隅東南，人體對應穴位是玉枕穴，此穴屬膽經。

「腳踏五行」即五種步法，即進、退、顧、盼、定，即金、木、水、火、土。對應關係分述如下：

一前進

五行屬水，對應穴位是會陰穴，屬腎經。

二後退

五行屬火，對應穴位是祖竅穴，屬心經。

三左顧

五行屬木，對應穴位是夾脊穴，屬肝經。

四右盼

五行屬金，對應穴位是膻中穴，屬肺經。

五中定

五行屬土，對應穴位是丹田穴，屬脾經。

綜上所述，八法五步與易經之卦、宇宙之位、人體之穴（經絡）三者對應關係都有了詳細論述。

筆者從王培生老先生學習拳藝十餘載，茲將上述太極拳哲理綜合在一張後天八卦圖中（見附圖），有不妥之處，請行家及愛好者指正。

附　圖

後天八卦圖

由內向外：

（一）太極圖像　　　（二）五步（中定未注）

（三）八卦卦符　　　（四）八卦卦名

（五）方位　　　　　（六）臟腑

（七）太極八法　　　（八）對應穴位

（九）五行　　　　　（十）八門

導引養生功

1 疏筋壯骨功＋VCD
定價350元

2 導引保健功＋VCD
定價350元

3 頤身九段錦＋VCD
定價350元

4 九九還童功＋VCD
定價350元

5 舒心平血功＋VCD
定價350元

6 益氣養肺功＋VCD
定價350元

7 養生太極扇＋VCD
定價350元

8 養生太極棒＋VCD
定價350元

9 導引養生形體詩韻＋VCD
定價350元

10 四十九式經絡動功＋VCD
定價350元

張廣德養生著作　每冊定價 350 元

全系列為彩色圖解附教學光碟

輕鬆學武術

1 二十四式太極拳＋VCD
定價250元

2 四十二式太極拳＋VCD
定價250元

3 八式十六式太極拳＋VCD
定價250元

4 三十二式太極劍＋VCD
定價250元

5 四十二式太極劍＋VCD
定價250元

6 二十八式木蘭拳＋VCD
定價250元

7 三十八式木蘭扇＋VCD
定價250元

8 四十八式太極劍＋VCD
定價250元

彩色圖解太極武術

1 太極功夫扇
定價220元

2 武當太極劍
定價220元

3 楊式太極劍
定價220元

4 楊式太極刀
定價220元

5 二十四式太極拳+VCD
定價350元

6 三十二式太極劍+VCD
定價350元

7 四十二式太極劍+VCD
定價350元

8 四十二式太極拳+VCD
定價350元

9 楊式十六式太極劍
定價350元

10 楊氏二十八式太極拳+VCD
定價350元

11 楊式太極拳四十式+VCD
定價350元

12 陳式太極拳五十六式+VCD
定價350元

13 吳式太極拳五十六式+VCD
定價350元

14 精簡陳式太極拳八式十六式
定價220元

15 精簡吳式太極拳三十六式 拳架‧推手
定價220元

16 夕陽美功夫扇
定價220元

17 綜合四十八式太極拳+VCD
定價350元

18 三十二式太極拳 四段
定價220元

19 楊式三十七式太極拳+VCD
定價350元

20 楊氏五十一式太極劍+VCD
定價350元

21 嫡傳楊家太極拳精練二十八式
定價220元

22 嫡傳楊家太極劍五十一式
定價220元

23 嫡傳楊家太極刀十三式
定價220元

養生保健　古今養生保健法　強身健體增加身體免疫力

1 醫療養生氣功

定價250元

2 中國氣功圖譜

定價250元

3 少林醫療氣功精粹

定價250元

4 龍形實用氣功

定價220元

5 魚戲增視強身氣功

定價220元

7 道家玄牝氣功

定價200元

8 仙家秘傳祛病功

定價160元

9 少林十大健身功

定價180元

10 中國自控氣功

定價250元

11 醫療防癌氣功

定價250元

12 醫療強身氣功

定價250元

13 醫療點穴氣功

定價250元

14 中國八卦如意功

定價180元

15 正宗馬禮堂養氣功

定價420元

16 秘傳道家筋經內丹功

定價300元

17 三元開慧功

定價250元

18 防癌治癌新氣功

定價180元

19 禪定與佛家氣功修煉

定價200元

20 顛倒之術

定價360元

21 簡明氣功辭典

定價360元

22 八卦三合功

定價230元

23 朱砂掌健身養生功

定價250元

24 抗老功

定價230元

25 意氣按穴排濁自療法

定價250元

27 健身祛病小功法

定價200元

28 張氏太極混元功

定價250元

30 中國少林禪密功

定價200元

31 郭林新氣功

定價400元

32 八卦之源與健身養生

定價280元

33 現代原始氣功1

定價400元

34 養生開脈太極

定價300元

35 通靈功—養生祛病及入門功法

定價300元

37 太極內功養生法

定價180元

38 無極養生氣功

定價200元

39 氣的實踐小周天健康法

定價200元

40 達摩易筋經

定價350元

太極跤

1 太極防身術　　定價300元

2 擒拿術　　定價280元

3 中國式摔角　　定價350元

簡化太極拳

1 陳式太極拳十三式　　定價200元

2 楊式太極拳十三式　　定價200元

3 吳式太極拳十三式　　定價200元

4 武式太極拳十三式　　定價200元

5 孫式太極拳十三式　　定價200元

6 趙堡太極拳十三式　　定價200元

原地太極拳

1 原地綜合太極二十四式　　定價220元

2 原地活步太極四十二式　　定價200元

3 原地簡化太極拳二十四式　　定價200元

4 原地太極拳十二式　　定價200元

5 原地青少年太極拳二十二式　　定價220元

6 原地兒童太極拳十捶十六式　　定價180元

健康加油站

1 糖尿病預防與治療

定價200元

2 胃部機能與強健

定價180元

3 不孕症治療

定價200元

4 簡易醫學急救法

定價200元

5 肥胖健康診療

定價200元

6 肝功能健康診療

定價200元

7 高血壓健康診療

定價200元

8 高血糖值健康診療

定價200元

9 尿酸值健康診療

定價200元

10 膽固醇中性脂肪健康診療

定價200元

11 痛風劇痛消除法

定價180元

12 三溫暖健康法

定價180元

13 手·腳病理按摩

定價180元

14 B型肝炎預防與治療

定價180元

15 吃得更漂亮·健康

定價180元

16 茶使您更健康

定價180元

17 圖解常見疾病運動療法

定價180元

18 科學健身改變亞健康

定價180

19 簡易萬病自療保健

定價220元

20 王朝秘藥媚酒

定價180元

21 立見實效保健操

定價180元

22 越吃越幸福

定價200元

23 荷爾蒙與健康

定價180元

24 越吃越長壽

定價200元

25 自我保健鍛鍊

定價180元

26 斷食促進健康
定價180元

27 蔬菜健康法
定價200元

28 水果健康法
定價200元

29 越吃越苗條
定價200元

30 越吃越聰明
定價200元

運動精進叢書

1 怎樣跑得快
定價200元

2 怎樣投得遠
定價180元

3 怎樣跳得遠
定價180元

4 怎樣跳的高
定價180元

5 高爾夫揮桿原理
定價220元

6 網球技巧圖解
定價220元

7 排球技巧圖解
定價230元

8 沙灘排球技巧圖解
定價230元

9 撞球技巧圖解
定價230元

10 籃球技巧圖解
定價220元

11 足球技巧圖解
定價230元

12 羽毛球技巧圖解
定價220元

13 乒乓球技巧圖解
定價220元

14 曲線球與飛碟球
定價300元

15 街頭花式籃球
定價280元

16 精彩高爾夫
定價330元

17 巴西青少年足球訓練方法
定價230元

18 籃球個人技術全圖解+VCD
定價300元

19 門球（槌球）入門與提升180問
定價230元

20 美國青少年籃球訓練方式250例
定價280元

大展好書　好書大展
品嘗好書　冠群可期

大展好書　好書大展
品嘗好書　冠群可期